JN274649

教育改善のための
大学評価マニュアル

——中期計画実施時の自己評価に役立つ25のポイント——

関口正司 著

九州大学出版会

まえがき

　本格的な大学評価の時代が始まろうとしています。1991年(平成3年)の大学設置基準の改正において自己点検・評価に努めるよう義務づけられてから10年余りの後、2002年(平成14年)には、学校教育法が改正されて、私立大学・公立大学・国立大学などの設置形態にかかわらず、すべての大学に認証機関評価が義務づけられました。さらに、国立大学の場合は、2004年(平成16年)4月の法人化以後、6年間の中期目標期間終了時前に、文部科学省の評価委員会による評価を受けなければなりません。

　本書は、こうした大学評価の本格化という時代状況をふまえつつ、大学評価の第一義的目的は大学の教育研究などの諸活動における恒常的改善にある、という見地に立って書かれた実践的マニュアルです。

　本書の執筆に至った主な理由は、2つあります。第一の理由は、大学評価が決定的な重要性を帯びているという事実を、どのような評価の作業が必要とされているのかを具体的に示しながら強調したい、ということです。第二の理由は、評価実務の内容を解説することによって、評価の実際の仕事における負担軽減に役立ちたい、ということです。

　筆者である私は、過去5年近くにわたって、本務校である九州大学全体の自己点検・評価と、所属する部局(大学院法学研究院)の自己点検・評価の仕事に携わりながら、2000年度(平成12年度)に始まった大学評価・学位授与機構(以下、「大学評価機構」または「機構」と略記)による評価に対応する自己評価作業にもかかわってきました。また、大学基準協会の加盟判定委員会幹事の仕事を引き受けることで、自分の所属する大学以外の多様な諸大学の自己評価書を検討する経験を持つこともできました。大学評価の決定的重要性に対する私の確信は、これらの経験を介してますます堅固なものになっていきました。

他方、私のこうした評価経験に分かちがたく結びついているものとして、実際の評価活動にともなう困難や苦労の記憶があることも否定できません。日本における大学評価の歴史は、まだ非常に浅く、経験やノウハウの蓄積はほとんどなかったと言っても過言ではないでしょう。そのため、私自身、評価に携わるようになって以来、多くの試行錯誤を繰り返さざるをえませんでした。評価が重要であることは理解しているつもりでいても、その方法がわからないままでは、実際に膨大なデータを処理しながら的確・適切な評価を行うことはきわめて困難です。下手をすれば、評価のために教育研究という本業を犠牲にするという本末転倒も起こりかねません。負担の大きさは、多くの大学教職員が評価の重要性を認めながらも、実際には必ずしも前向きに評価に取り組めない大きな理由の1つと言えるでしょう。

　もちろん、大学構成員が評価を敬遠する傾向は、技術的な難しさや負担の大きさだけに起因しているわけではありません。大学の外からの視点を意識しつつ自己評価し改善を進めることに、大学構成員総体が、まだ十分に馴染んでいない現状も、やはり見逃せない事実です。むしろこれこそが、評価活動への消極性や抵抗感の主要原因だとすら言えるかもしれません。しかし私は、これまた自らの経験から、評価への消極性や抵抗感を克服する最善の方策は、実のところ、評価の必要性を抽象的に説くことよりも、むしろ、評価の経験それ自体であると感じています。

　そこで私は、こう考えました。もはや、すべての大学構成員にとって評価が不可避である以上、評価の意義や重要性を説くことばかりでなく、実際に評価へと安心して踏み出せるよう地ならしすることが必要なのではないか。未経験のために生じてしまう評価作業上の当惑や疑問を解消し、時間と労力を消耗させる試行錯誤の機会を極小化して、評価を能率的・効果的に行う方法を示すことこそが求められているのではないか。

　ここから、さらに考えを進めました。従来の経験からすると、教育活動の評価は、研究活動の評価に比べて、対象となる活動が多面的であるため、概して難度が高い。しかし、難度の高い分野での評価方法に取り組んでおけば、応用性・汎用性が高くなるだろう。だから、大変ではあるが、教育活動の評価方法という難しい分野に真正面から立ち向かうべきである。

こうした考えが本書の出発点となりました。幸い、周囲には、共に手探りで評価に取り組んだ同僚たちがいました。「戦友」とでも呼びたい人々です。私は彼らに呼びかけて、共同研究を始めることにしました。私たちの所属する九州大学には、教育研究プログラム・研究拠点形成プロジェクト(P&P)制度という教育研究助成の制度があり、教育改善のための研究も支援(特別研究経費配分)の対象に含まれています。私たちは研究チームとしてこれに応募し、その支援を得ることができました。本書は、この研究チームの研究成果にもとづいています。

　本書の内容に対する責任の所在を明確にするために、本書の著者は、実際に原稿を執筆した私ということになっています。したがって、本書の内容に問題や誤りが含まれるとすれば、その責任はすべて私にあります。とはいえ、チームのメンバーたちによる研究レポートや会合での議論などがなければ、本書がありえなかったことは、ここで大いに強調しておきたいと思います。

　さて、以上のような経緯から生まれた本書は、実践的見地を重視し、「実際に使えるマニュアルであること」をめざしています。そのため、本マニュアルでは、教育面での自己評価が実施される場面として、次のような状況を想定しています。

1. 改善につなげる自己評価であることが大前提とされている。
2. 来るべき国立大学法人評価や認証機関評価の準備を進めることも兼ねて自己評価を行う。
3. 部局単位の自己評価を行う。
4. 自己評価項目や自己評価書の書式は、大学評価・学位授与機構による分野別教育評価で指定されていた方式に準拠する。
5. 法人化に備えて策定されている部局の中期目標・中期計画は、評価の観点からは、まだ十分に練り上げられていない。

これらの想定は、本書の第Ⅰ部・導入篇の中で示すことになる現状分析や将来予測にもとづいています。こうした想定からすれば、本書の主たる読者は国立大学の評価関係者ということになるでしょう。しかし、さらに認証機関評

価への準備を進めている公立大学や私立大学の評価関係者、第三者評価機関の関係者の方々にも、参考になるところがあればと願っています。

　本書が想定しているレベルの評価、すなわち、分野別教育評価において求められていたレベルの自己評価を、短期間で一挙に実施することは現実にはなかなか難しいかもしれません。しかし、それを想定した本書の実践的アドバイスは、もっと簡易な自己評価から出発してレベルを徐々に上げていく取組においても、十分に役立つだろうと思います。

　なお、念のために付言しますと、本書は、現状から見て望ましいと考えられる自己評価活動のあり方を示していますけれども、自主的な自己評価活動に画一的な枠をはめることは全く意図していません。そのため、本書では、説明の具体性が多少犠牲になることも覚悟した上で、自己評価書の記述や根拠データの具体的・実質的な内容にまで踏み込んだ例示は極力避けています。本書は、あくまでも基本的な要点を取り上げているにすぎません。本書を参考にしつつ、それぞれの教育現場の特色や個性に即した創意工夫を凝らしていただければ幸いです。

　本書では、「実際に使えるマニュアルであること」をめざす見地から、構成や展開の面で、とくに次の点に留意しました。

> ① 簡潔・平明で、全体としてコンパクトであること。
> ② 初心者が系統的・段階的に理解できる構成であること。
> ③ 視覚に訴える作りであること。

　これらの基本方針に即して、本書では、「改善のための自己評価に役立つ25のポイント」を示し、それらを中心に説明を加えるという体裁をとることにしました。また、必要に応じて、各ポイントに関連してさらに詳細なアドバイスを加えました。

　基本方針としてめざしたものが現段階で100%達成できているわけでないことは、十分に自覚しています。とりわけ、③の視覚に訴える作りという点は、私の使えた技術と資源の双方の制約のため、達成度は高くないと言わざるをえません。

しかし、願わくば、これで最終版ということではなく、改訂の機会があればと思っています。読者の皆さんに本書を実際の評価作業で参考にしていただき、その経験にもとづいて改善すべき点を示唆していただけたら幸いです。そのようなやりとりを経て、本書が評価マニュアルとして完成度を高めつつ、実際の評価と改善にいっそう役立っていけたら、というのが著者としての私の切なる願いです。

　　2004 年 5 月

　　　　　　　　　　　　　　　　　　　　　　　　　　　　関口　正司

改善のための自己評価に役立つ 25 のポイント

第Ⅰ部・導入篇のポイント

★評価の意義と課題

1. 評価と改善とは、切り離すことができないものとして社会的に求められている。
2. 教育評価の主要目的は、教育の改善である。

★各種の教育評価

3. 大学教育に一般的に期待されている標準的な取組や改善は、自己評価における必須の項目。
4. 個性や特色を重視する自己評価でも、個性的で特色ある取組や改善だけでなく、標準的な取組や改善を評価対象とする必要がある。

第Ⅱ部・実践篇のポイント

★自己評価体制の作り方

5. 評価対象となる活動全般を見渡せるリーダーを確保する。
6. 評価チームは小規模を基本とし、しっかりした支援体制を作る。
7. 評価作業のための人材育成の見地も忘れずに。
8. メンバーには事務職員を必ず加える。

★作業計画の作り方

9. 着実な作業計画の策定とスケジュール管理に心がける。
10. 面倒なことを後回しにしない作業計画を立てる。
11. 同僚の理解・協力を得る工夫を考える。
12. 将来を見据えた支援体制の構築をめざそう。
13. 評価結果を改善につなげる仕組は、わかりやすく明確なものに。

★評価基準の設定

14. 中期計画実施についての自己評価の基準は、大学評価機構の評価方式をふまえて設定することが不可欠。
15. 評価基準の設定は、具体的なところから始める。
16. まず最初は、「横並び的」基準から見て必要な取組に注目。
17. 各取組を、教育の入口から出口までの流れに位置づける。
18. 組み合わせて、全体を見渡してみよう。
19. 「目的・目標」は成果を中軸に設定する。

第Ⅱ部・実践篇のポイント（つづき）

★自己評価書における根拠データ

20　説明文ではなく、具体的な根拠データに説明をさせる。
21　「目標」の諸類型を意識する。
22　「目標」や根拠データの数値的表現に挑戦する。
23　根拠データは、「目標」類型との対応をふまえて提示する。
24　提示する根拠データは、必要最少限にとどめる。
25　「改善のための評価」という原点を忘れずに。

目　次

まえがき i

第Ⅰ部　導　入　篇

第1章　評価の意義と課題 3
　第1節　何のための評価？ 4
　第2節　大学評価の過去・現在・未来 9

第2章　各種の教育評価 19
　第1節　大学評価機構の教育評価 20
　第2節　大学基準協会の教育評価 28
　第3節　JABEEの教育評価 32

第Ⅱ部　実　践　篇

第3章　自己評価体制と作業計画の作り方 41
　第1節　評価チームの編成 43
　第2節　作業計画の策定 46
　第3節　同僚の理解・協力と支援体制 49
　第4節　評価結果を改善につなげる仕組 55

第4章　評価基準の設定 59
　第1節　中期計画と自己評価の基準 60
　第2節　評価基準設定手順の概要 64
　第3節　各手順における作業の内容と方法 66

第5章　自己評価書における根拠データ 85
　第1節　「目標」類型と根拠データ 86
　第2節　「目標」の数値化を促進する別方式の類型化 93
　第3節　根拠データの効果的な提示方法 95

あとがき ……………………………………………………… *103*
謝　　辞 ……………………………………………………… *105*
巻末資料 ……………………………………………………… *107*
参考文献一覧 ………………………………………………… *137*

第Ⅰ部　導入篇

第 1 章　評価の意義と課題

第 1 章のねらい

　すでに「まえがき」で宣言したように、本書は実務的・実践的なマニュアルであることをめざしていますが、そうは言っても、いきなりノウハウから始めることは、やはり望ましくありません。なぜなら、評価の重要性が高まってきた経緯や現状、そして将来的展望について理解しておくことは、実際に評価作業を行う際に欠くことのできない基本的な方向感覚を得るのに不可欠だからです。評価のテクニックを表面的に知るだけでは、結局のところ、作業は空転してしまうでしょう。第Ⅰ部・導入篇を構成する第 1 章と第 2 章の目的は、評価作業を成功に導くのに不可欠な、こうした方向感覚形成の材料を提供することです。(ここでは、教育分野の評価を第一義的に念頭に置いていますが、研究分野の評価についてもほぼ同様と考えてかまいません。)というわけで、読者の中には早く第Ⅱ部・実践篇に行きたいと先を急いでいる方もおられるかもしれませんが、まずは、第Ⅰ部を辛抱強く読み通していただきたいと思います。

　第 1 章でつかんでいただきたいポイントは、評価を行う際の大前提と言うべき次の 2 つです。

> ポイント 1 ★評価と改善とは、切り離すことができないものとして社会的に求められている。
> ポイント 2 ★教育評価の主要目的は、教育の改善である。

　これら 2 つのポイントを理解していただくために、前半の第 1 節では、評価の意義と課題について示します。後半の第 2 節では、評価に対して与えら

れてきた意義や課題の歴史的変遷をたどるとともに、今後を展望します。これらの説明は、最初は「タテマエ論」のように思えるかもしれません。けれども、実際に自分が評価作業をするつもりで最後まで読み通すならば、それらはたんなる「タテマエ」ではなく、評価を成功させるのに不可欠のヒントであることが理解いただけるのではないか——そう、期待したいと思います。

第1節 何のための評価？

改善のための評価

　評価は、言うまでもなく、大学における教育や研究についての評価に限られるものではありません。私たちの日常生活は、様々な評価で満ちています。もちろん、評価の目的は様々ですし、評価の厳密さの度合いも様々です。評価していることを意識せずに大まかな評価をしていることもあれば、意識して厳密な評価をすることもあります。

　ところで、意識的に厳密な評価をめざす場合に注目するならば、評価当事者にとって「何のための評価か」がはっきりしていないと、評価は成功しないと言えるでしょう。大学教育についての評価も、このケースに属するはずです。評価の目的、「何のための評価か」（裏返して言えば、何のための評価では「ない」か）がはっきりしていなければなりません。

　実のところ、この当たり前の点に、大学評価をめぐる実践上の大問題があります。もし、必要を感じ自ら進んで自分たちの教育の現状について自己評価を始めるのであれば、当事者たちにとって、評価の目的や理由は、当然のことながら、はっきりしています。しかし、当事者が、自ら必要を感じて自発的に評価を始めようとは思っていないが、評価が制度的に強制されている場合はどうでしょう。この場合は、必然的に、目的や理由は積極的なものとしては自覚されていないはずです。これでは、「評価のための評価」になってしまいます。しかし、少なくとも最近までは、これが大半の大学および大学構成員の実情だったと言えます。つまり、法令ですべての大学に義務づけられたから、たまたま自分の部局が第三者評価にあたってしまったから、等々

の消極的な理由しか実感できない状態だったのです。

　ここでの目的は、それについてとやかく言うことではありません。大事なのは前向きな取組です。ともあれ、実情を踏まえて、次のように仮定してみましょう。読者のあなたが、筆者である私が何年か前まではそうであったのと同様に、消極的な理由しか実感できないまま、全学や部局の自己点検・評価関係の委員あるいは委員長に任命されたとします。あなたは、評価に取り組む積極的で切実な主観的理由は感じていませんが、実質のともなわない形だけの評価でお茶を濁すことはもはや客観的に見て許されない（事実、すでに現状はそうなっています）、と気づかざるをえない立場に置かれています。

　そのようなあなたにお勧めしたいのは、たとえ、実感は湧かなくても、評価の最大目的は改善だということを、さしあたりは、いわば評価の「定義上の前提」として知的に受け入れることです。評価には、いろいろな目的がありえますが、改善という目的を第一義的なものと考えることが、結局は、評価の成功（つまり、評価について現に社会的に求められている水準に到達する、という意味での評価の成功）につながります。「どうもそのようだ」と、とりあえずは、暫定的に受け止めておいていただきたいのです。

　大学評価への要求が社会的に高まってきた経緯については、次節であらためて概観しますが、ここで要点を先取りして言えば、評価がそれだけとして求められてきたわけではない、ということを力説しておく必要があります。評価への要求は、教育面で言えば、教育の質の向上への要求と不可分のものでした。つまり、大学評価に関する社会の要求は、「何も課題や問題がない」という無難な評価結果で自分たちを安心させて欲しいということではなかったのです。求められていたのは、むしろ、絶えず変化する教育環境において取り組むべき課題を積極的に掘り起こして課題への対応に努めて欲しい、ということでした。とすれば、改善課題が全然出てこない「無難な自己評価」は、かえって、大学側の独善・自己満足、教育の質についての無責任な安請け合いという印象を与えかねないことになります。

社会的な説明責任を果たすための評価

　評価の目的としては、改善に役立てるという目的の他に、社会的な説明責任を果たすことが、しばしば強調されています。たとえば、大学評価機構は、改善と社会への説明の2つを大学評価の目的として掲げています。その理由は、大学教育が、公教育を担う役割を持つ以上、その現状を社会に説明する責任(アカウンタビリティ)があるはずだ、という考えにあります。とりわけ、国の財政的支援に大きく依存している国立大学の場合は、納税者である国民に対して、大きな説明責任が課せられている、というわけです。

　ところで、大学とりわけ国立大学に課せられている説明責任という場合、いったい「何を」説明する責任が課せられているのでしょうか。実際には、この点が、大学の評価当事者にとって曖昧となりがちに思われます。

　「アカウンタビリティ」という言葉から直ちに思い浮かぶのは、会計(アカウント)上の説明責任です。企業であれば、財務諸表などの公開ということになるでしょう。昨今では、私立大学の場合も財務諸表の公開が求められるようになっていますし、国立大学も法人化後は、財務諸表の公開などによる財務状況についての説明責任が課せられることになります。

　もちろん、大学の財政が破綻してしまっては、教育の改善や質の保証どころではありません。とはいえ、通常のほとんどの大学は、営利を目的としているわけではありません。また、制度的な趣旨からして、独立採算を前提とせず公的支援に大きく依存している国立大学の場合、求められているのは税金の無駄使いを避けることであって、「有益な使途のためにでも税金を一切使うべからず」ということではありません。つまり、費用対効果を高めることが求められるとしても、国民が期待しているレベルのサービスが提供不可能となるような支出削減では、費用対効果を高めることには全くなりません。

　そもそも、私立大学も含めて、営利を目的としない大学の場合、費用対効果の「効果」それ自体は、財務諸表で直接に示すことができないのです。やはり、社会に対する説明の中心は、財務状況ではなくて大学の本来的営みの現況であり、教育面であれば教育サービスの質や成果ということになります。

　公金の使われ方といった財務面も含めて、大学の種々の活動を社会に対し

て公開し説明するという観点から、「社会的説明責任」という評価目的を別に立てる必要が出てくることは事実です。しかし、説明すべき中心的対象を突き詰めて考えていくと、結局のところ、教育の質の現状と改善への取組が鍵となってきます。その意味で、改善を評価の第一義的目的として想定しておきましょう、という本書のアドバイスは、ここでも有効なのです。

改善という評価目的と管理運営

評価には、教育現場での改善の他に、大学全体の管理運営にも役立つという側面があります。このような見地から、評価の結果を大学内の部門や個人に対する資源配分の判断材料として活用しようとする動きも出てきています。しかし、改善のための評価と、管理統制手段としての資源配分との関係については、大学評価の先進国であるアメリカですらいろいろと議論のあるところのようで、実に難しい問題です。これに取り組むためには、評価結果を資源配分に連動させるという方策が大学の管理運営において持つ効能と副作用（たとえば、「自己評価の結果が低ければ資源配分が減るのだから、正直な評価は馬鹿を見る」といった見方を助長するという副作用）の双方について、きちんと考えておく必要があります。

少し複雑な議論にならざるをえないので、要点を先に示しておきましょう。評価の結果を管理運営に活用し、改善という評価目的を促進することは、もちろん可能です。それどころか、「評価にもとづく管理運営」は、今後の大学運営の基本であるとすら言えるでしょう。ただし、無条件的にそうだというわけではありません。なぜなら、改善を促進するという基本目的をきちんと意識しなければ、かえって逆効果をもたらす危険があるからです。「取り扱い注意」と言うべきでしょう。

考えるべき最大の実践的で現実的な問題点は、実際の管理運営においては、評価結果の利用に際して、改善という目的と、財源の縮小傾向への対応という目的とが、十分に区別されずに錯綜しがちなところにあります。たとえ実際には、どちらか一方の目的だけに限定することはできないとしても、それぞれの目的において期待できる効果の違いをはっきりと意識しておく必要が

あります。

　もし、財政支出を大幅に減らすことだけが目的であるとするなら、当然のことながら、評価に期待されている最終的な「効果」は、財政支出を大幅に減らすことそれ自体ということになります。つまり、評価の目的は、組織活動全般の改善ということではなく、むしろ端的に、社会的需要の減退などといった、特定部門を縮小したりスクラップするための理由探し、ということになるでしょう。

　こうした苛酷な状況になってしまうと、評価による改善促進効果の方は著しく低下すると考えられます。評価対象部門にとっては「正直な自己評価は馬鹿を見る」ということになるわけで、評価への強力な抵抗や粉飾的な評価などの消極的な自己防衛策が出てくることにもなりかねません。日本の経済情勢や国の財政状況、長期的な少子化傾向などを考えると、縮小やスクラップが避けられない事態もありえるでしょう。また、限られた資源で新たな社会的需要に応える部門を新設しようとする場合も、同様の必要が生じます。とはいえ、縮小やスクラップの対象特定を評価の主目的とすることが不可避となってしまった状況では、評価による改善促進の効果までも期待することには無理がある、とは少なくとも言えるはずです。

　個人を評価対象として、配分する資源の縮小可能性に力点を置きながら、評価結果を資源配分に連動させる場合にも、同様の傾向があると考えられます。個人の奮起を促すカンフル剤的効果を期待して、短期に限って積極的に使うべき状況もありえるでしょう。とはいえ、この方策だけに依存することが長引けば、自発的な改善の潜在力を損ねる危険があります。

　したがって、組織評価にせよ、個人評価にせよ、改善という目的を重視するのであれば、評価結果をマイナス方向での資源配分に連動させることは短期間に限定し、しかも、シンボリックな効果(いわゆる「一罰百戒」)が期待できる場面に局限するという、バランス感覚が必要とされます。たとえば、応用例として、誠実な自己評価を大学内で急速に普及させるために、手抜きを許さない所定方式の自己評価の実施の有無をチェックポイントにして、資源配分の一定の増減に連動させるという方策が考えられるでしょう。

　要するに、評価結果を資源配分(とりわけ配分の縮小)に連動させるという

管理統制手段は、劇薬と考えた方がよい、ということです。激しい定員割れや財政危機に直面している大学では、経営と教育体制の立て直しのための緊急手段として頼らざるをえないかもしれません。しかし、そこまで破局的でない場合、こうした劇薬だけに頼って成員の意欲向上を継続的に図ろうとすることは、得策とは思えません。むしろ、財政事情の許す範囲でプールされた一定の財源を活用して、積極的な改善や意欲的な企画の成果を評価のポイントとし、それにプラスの形で報いていくのが望ましいように思われます。

国立大学法人における評価と資源配分の連動

評価結果を資源配分に連動させる方策は、「成果主義」のかけ声が社会的に高まっている現状では、国立大学法人の仕組の中にも何らかの形で取り入れられるでしょう。また、今後は、大学内の資源配分でも、同様の試みがなされることも予想されます。けれども、少なくとも教育面での評価について言えば、評価結果を運営費交付金の配分に連動させるという方向は、それほど強くは打ち出せないであろう、と思われます。たしかに、特徴あるユニークな教育上の試みに予算を積み増すという、「特色ある大学教育支援プログラム」のような方策はあるでしょうし、学生数が大幅に減少したり社会的需要が低下している部門への予算配分を、評価結果を根拠に切り詰めるということもありえるでしょう。しかし、教育成果の低さそれ自体に対するペナルティとして予算を大幅に減らすことには、学生という受益者への悪影響などを考えると、安易には踏み込めないように思われます。もちろん、だからといって、大学の側が教育面での評価と改善の手を抜いてよいということにはなりません。社会の反響という厳しいペナルティがあるからです。

国の厳しい財政状況の下で危惧されるのは、むしろ、きめ細かな教育評価にもとづかないまま、効率化係数などの利用によって運営費交付金の大幅な一律削減を図るといった、財務省流の大なたが振るわれていくことの方でしょう。

第2節 大学評価の過去・現在・未来

さて、次に、大学評価に対する社会的要求の高まりにおいて「評価にもとづく改善」という見方が中心的役割を果たしてきたことを歴史的に概観した上で、大学評価の今後を展望してみたいと思います。

日本における大学評価の歴史的展開については、近未来も含めて、4つの段階を考えることができるでしょう。第1段階は、1991年(平成3年)の大学設置基準の大綱化から、1998年(平成10年)末の大学審議会答申までの時期です。第2段階は、大学審答申を承けて大学評価機構の設立準備が始まった1999年(平成11年)から、大学評価機構による評価の試行期間が終了する2003年(平成15年)までの時期です。第3段階は、国立大学が法人化する2004年(平成16年)から、おそらくは、最初の中期目標期間が終了する2010年(平成22年)までの時期でしょう。第4段階は、それ以後の時期ということになりますが、もっと早まるかもしれません。

第1段階 (1991–98年): とりあえずは現状把握から

　第1段階の出発点は、1991年(平成3年)における大学設置基準の大綱化です。大学設置基準の大綱化は、日本の高等教育政策の大きな転換点と言えるでしょう。それまでは、大学における教育研究の質を確保するために行政が用いた主要な方策は、大学の新設や学部学科の新増設の際に大学設置基準にもとづく規制を加えることでした。国立大学の場合は、さらに、毎年の概算要求時の査定という統制が加わっていました。これらの規制は、一面では「箸の上げ下ろし」にまで及ぶような事細かなものでしたが、事前規制方式でしたから、主なチェックは最初だけに限定されていました。設置基準の大綱化は、このような事前規制方式を緩和し教育研究の質の保証を大学自体に求めるという意味で、画期的な政策転換でした。自己点検・評価が大学に義務づけられ、大学の教育研究の質の保証において、大きな役割を持つことになったのです。こうして、自己点検・評価を義務づけられた各大学は、全学規模の自己点検・評価組織、さらには部局規模の自己点検・評価組織を整備していきました。

　とはいえ、ほとんどの大学の自己点検・評価組織は、直ちに本格的な自己評価に着手したわけではありませんでした。当初、一般的に行われたのは、教育研究の現状についてデータを収集し、それを整理して公表するという作業でした。この時期、「現状と課題」という言葉がしばしば自己点検・評価に

関する報告書のタイトルに用いられましたが、大半の大学の自己点検・評価は、まずは、現状を把握し点検することから始まったわけです。言いかえれば、この段階では、点検はやったが自己評価までには及ばなかった、というのが実態でした。また、自己点検・評価の担当者が意欲的で、現状把握にとどまらず課題探求にまで踏み込んだ先駆的・例外的な場合でも、何を課題として捉えるのか、その基準が担当者にとって必ずしも明確でなかったり、対象組織総体で共有できるほど十分に客観化されていない傾向があったように思われます。

　自己点検で止まってしまい自己評価までには及ばなかった主な原因としては、2点考えられます。第一に、事前規制の緩和と引き替えに自己評価が求められている、という設置基準の大綱化の趣旨が、大学側で周知徹底されていなかったことです(同時期の教養教育への対応についても、同様のことが言えるでしょう)。なぜ自己評価が求められているのかが明確でない限り、組織や個人についての消極的・否定的な評価結果が出てくる可能性をも含んだ厳格な評価にまでは、なかなか踏み込めなかったわけです。第二に、総じて大学教員が自己評価に馴染んでいなかったこと自体も指摘できるでしょう。とりわけ、自己評価が画一的な評価基準によって行われることへの警戒感や抵抗感が非常に強かったと思われます。かといって、画一的な評価基準に代わるきめ細かな評価基準を自律的に作り出そうとする積極的な取組を促すほどに、自己評価の社会的必要性に対する十分な自覚が大学教員の間に高まっていたわけでもなかったと言えるでしょう。

第2段階 (1999–2003年): 大学評価機構の試行的評価

　第2段階の前奏曲は、1998年(平成10年)10月に公表された大学審議会答申でした。『21世紀の大学像と今後の改革方策について』と銘打たれたこの答申(以下、「98年大学審答申」と略記)には、「競争的環境の中で個性が輝く大学」という意味深長な副題が添えられていました。実際、この答申は、18歳人口の継続的減少による大学淘汰の可能性を暗黙の前提とする一方で、「知」の再構築が求められる時代という長期的展望をふまえながら、大学改革の基

本的方向として、様々な大学が横並びで画一的に高等教育を担うのではなく、自主的な多様化・個性化を進める中で相互に切磋琢磨していくことを提言しています。また、この答申では、教育研究の質的向上において果たすべき評価の役割が従来以上に強調され、評価は大学が競争的環境の中で個性を輝かせるための主要な仕掛けの一つとして位置づけられています。

評価のこのような位置づけは、設置基準大綱化以来の見方を継承発展させたものでしたが、新たな点も加わりました。すなわち、答申は、① 大学の個性化と教育研究の不断の改善、② 社会的説明責任という2つの観点から、自己点検・評価の充実を促すばかりでなく、さらに、国立大学を評価対象とする第三者評価システムの導入を提唱しています。これを承けて、2000年(平成12年)4月には、大学評価機構(正式名称は「大学評価・学位授与機構」)が誕生し、大学評価は第2段階へと展開していくことになったのです。

用語説明【第三者評価】

○「自己評価」とは、大学が自らを評価することを意味します。

○「外部評価」とは、大学が学外の評価者を選定し、その評価者に依頼して行う評価のことを意味します。評価項目も、大学の側が指定するのがふつうです。

●「第三者評価」とは、評価対象となる大学とは別個の独立した第三者組織によって行われる評価のことを意味します。第三者組織としては、大学評価機構や大学基準協会などがあります。第三者評価では、評価者・評価項目・評価方法などの選択を行うのは、評価対象となる大学ではなく、第三者組織の側となります。

国立大学を対象とした第三者評価の実施機関として大学評価機構が設立されるに至った背景には、大学が厳格な自己評価になかなか踏み込まないことへの不満に加えて、バブル経済崩壊後の経済低迷にともなう国の財政の悪化により行財政改革の圧力が高まったことがあります。これに対応して国立大学への税金投入の意義について明確に説明する必要が生じたことが、大学評価機構による評価の目的として、「社会的説明責任」が掲げられた大きな要因だったと言えるでしょう。

大学評価機構による評価は、3年の試行期間の間に、3種類のものが実施されました(機構による評価の仕組や特徴については、次の第2章で詳しく説明します)。

第一に「全学テーマ別評価」です。これは、すべての国立大学や大学共同利用機関を対象に、毎年度、特定のテーマ(教養教育、国際連携など)について実施されました。第二に「分野別研究評価」です。これは、毎年度、2～4分野について、それぞれ6大学程度が評価対象に選定され実施されました。九州大学の場合、2001年(平成13年)着手の分で、法学研究院が評価対象に選定され評価を受けています。第三は「分野別教育評価」です。毎年度、研究評価と同じ分野について、6大学程度が評価対象に選定され、学部教育と大学院教育の双方について実施されました。九州大学の場合、2002年(平成14年)着手の分で、文学部・大学院人文学府が評価対象に選定されました。次の表は、これら3種類の評価のうち、分野別教育評価の対象分野と対象大学の一覧です。

着手年度	対象分野	対象大学
2000年(平成12年)	医学系	秋田大学、群馬大学、岐阜大学、京都大学、高知医科大学、長崎大学
	理学系	千葉大学、東京大学、新潟大学、大阪大学、広島大学、熊本大学
2001年(平成13年)	工学系	宇都宮大学、長岡技術科学大学、名古屋大学、和歌山大学、鳥取大学、九州工業大学
	教育学系	宮城教育大学、横浜国立大学、上越教育大学、京都教育大学、山口大学、福岡教育大学
	法学系	東北大学、東京大学、新潟大学、金沢大学、神戸大学、香川大学
2002年(平成14年)	総合科学	北海道大学、群馬大学、東京大学、徳島大学、名古屋市立大学、福岡女子大学
	農学系	弘前大学、東京農工大学、静岡大学、島根大学、愛媛大学、鹿児島大学、大阪府立大学
	経済学系	小樽商科大学、埼玉大学、滋賀大学、神戸大学、佐賀大学、長崎大学、青森公立大学、東京都立大学
	人文学系	千葉大学、信州大学、大阪大学、大阪外国語大学、岡山大学、九州大学、東京都立大学、愛知県立大学、福岡県立大学、福岡女子大学

評価の手順は、第1回目の例で示すと、次のようなものでした。

2000年(平成12年)秋	文部省が評価の対象となる大学を選定
2000年(平成12年)12月	大学評価機構が、評価体制を整備し、評価対象大学に向けて評価の内容や方法を通知
2001年(平成13年)1月～7月	評価対象となった大学や部局が、自己評価書作成作業を開始。自己評価書は7月末に提出
2001年(平成13年)8月～12月	機構側の評価作業。年末までに各大学を対象とした訪問調査を実施
2002年(平成14年)3月	機構の側の評価書が正式に確定され公表

このような1年半近くに及ぶスケジュールは、2001年(平成13年)着手の第2回目、公立大学が評価対象に加えられた2002年(平成14年)着手の第3回目でも、ほぼ同様に繰り返されました。

各大学・各部局が自らの活動や取組について自主的に設定した「目的・目標」を評価の基準とする大学評価機構の評価方式は、当初、そうした評価方式の発想も経験もほとんどなかった各国立大学の評価担当者を困惑させました。しかし、大学評価機構の評価は、3年余りの試行をつうじて、「目標設定→実施→目標達成度の評価→評価結果にもとづく改善策の策定」という目標管理の発想に、各大学をある程度慣れさせるという成果をあげたと言ってよいでしょう。

ところで、大学評価機構が設立された2000年(平成12年)は、国立大学にとって、機構による第三者評価という初めての経験にとどまらず、さらなる

変革への動きが始まる年になりました。前年の夏以降、98 年大学審答申では予定されていなかった国立大学の法人化への動きが急速に展開し始めていたのです。国立大学が、機構の評価の経験をつうじて、目標管理の発想に多少なりとも馴染んでいったことは、結果的には、各大学にとって、法人化に際しての中期目標・中期計画策定のための予行演習ともなったのでした。

第 3 段階 (2004–2010 年？): 国立大学法人制度の下での評価

　大学評価機構の設立直後、当時の文部省は、国立大学の法人化に関する調査検討会議を設置しました。この会議に設けられた 4 つの専門部会の 1 つは目標・評価に関する部会であり、ここにおいて、法人制度の下での中期目標と中期計画、および、それらを基準とした評価のあり方について検討が進められていきました。検討の最終的な結果は、2002 年(平成 14 年) 3 月に最終報告書『新しい「国立大学法人」像について』(通称『グリーンブック』)としてとりまとめられ、評価についても、法人化後の教育研究活動については大学評価機構の評価によることとするなど、おおよその方針が示されました。

　2003 年(平成 15 年)に国立大学法人法が成立して以後、評価の具体的あり方についての検討が始められていますが、現在(2004 年 3 月)のところ、詳細までは詰められていないようです。しかし、現時点においても、次の 2 つの点は、国立大学法人の評価(とくに教育評価)の特徴として予想可能だと思われます。

　第一に指摘できるのは、国立大学法人の評価では、何らかの形で、大学評価機構の従来の評価方式が踏襲されるであろう、ということです。中期目標期間の終了前に、すべての法人について同時に評価を実施するということになると、従来のような詳細な評価は物理的・技術的に困難でしょうが、各大学が自ら設定した「目的・目標」の達成度を評価するという基本は、中期目標・中期計画の達成度の評価という形で継承されるものと考えられます。評価の手順も、教育評価については、従来と同様、各大学の自己評価を主要な材料として、大学評価機構が評価を行う、ということになるでしょう。また、大学評価機構が試行期間に教育評価について設定していた評価項目は、多少の整理統合は行われているものの、文部科学省が提示した中期計画の雛形に

存続しています。つまり、国立大学法人評価の基準となる各大学の中期計画は、大学評価機構の従来の評価方式の理解や習熟を当然の前提として策定されるものだと想定されているわけです。本書の第Ⅱ部・実践篇で、過去の試行期間に実施された大学評価機構の評価方式に準拠して、評価方法を解説する大きな理由は、ここにあります。

　国立大学法人評価について予想できる第二の点は、大学評価機構の従来の評価以上に、成果(アウトカム)についての評価が重視されるであろう、ということです。大学評価機構のこれまでの評価では、教育成果は、学生の受入、教育体制、教育内容と同列の形で評価項目に入れられており、また、これら3項目の後に置かれているという点で、目立たない配列だったとも言えます。もちろん、上に述べたように、これらの項目自体は、中期計画の雛形にも継承されてはいます。しかし、中期計画の場合は、従来の機構の評価の項目立てと異なり、教育成果の項目が冒頭に置かれています。つまり、来るべき評価の段階では、まず最初に教育成果が問われ、その後に、成果を達成するための教育内容の適切性・充実度や教育体制の機能状況が問われることになります。各大学は中期計画において教育成果を、いわばマニフェストとして公約し、その公約の達成度が、一定期間後に自己評価され、さらに、第三者評価されることになるわけです。

認証機関評価について

　2002年(平成14年)に学校教育法が改正され、大学は、その水準の維持向上のため、①全学的な教育研究等の状況、②専門職大学院の教育研究活動の状況について、認証評価機関による評価を定期的に受けることが義務づけられることになりました。義務づけの対象は、国公立の設置形態を問わず、すべての大学となります。

　評価を実施する評価機関は、文部科学大臣の認証を受けなければなりません。この認証は、評価の基準や方法や体制などの点で、公正で的確に評価を実施できる一定要件を満たしている評価機関に与えられる、とされています。現在、大学評価機構、大学基準協会、短期大学基準協会が、この認証を得ることをめざしており、私立大学協会も認証を得ることを前提とした評価機関の設立準備を進めています。

　この法改正では、国が評価機関を認証し、認証された機関による第三者評価を、従来は自己点検・評価しか義務づけられていなかった私立大学も含めて、すべての

大学に義務づける、という点に重点が置かれています。つまり、「認証機関評価」とは、あくまでも、「文部科学省に認証された評価機関による評価」であり、それが大学に義務づけられたということであって、大学としての適格認定(アクレディテーション)を与えるという意味での「認証評価」が大学に義務づけられたわけではありません。

　とはいえ、第三者評価によって大学の質を保証するという国の志向は明らかであり、適格認定を将来的ににらんだ動きだと考えてよいでしょう。「機関別認証評価」という表現も流通し始めています。第三者評価機関の側としても、当然、そうした将来の方向を意識しているはずで、今後の第三者評価では、大学の個性を尊重しつつも、横並び基準による水準評価の傾向が強まっていくことが予想されます。実際、専門職大学院としての法科大学院についての認証機関評価は、適格認定の性格も帯びており、こうした方向を先取りする先行事例になるものと思われます。

　大学全体を対象とする認証機関評価については、大学評価機構が、2004年(平成16年)2月に、評価方法や評価基準についての案を公表しています。後者の評価基準案は、横並び基準による評価の方向性や特徴を示すものとして重要ですので、本書の巻末に資料として付しておきます。法科大学院についての認証機関評価については、大学基準協会が、2003年(平成15年)12月に、基本方針に関する検討作業の中間報告を公表しています。また、大学評価機構も、2004年(平成16年)3月に、法科大学院についての評価基準案を公表しています。

第4段階: 自律的な経営戦略のための自己評価

　これまで述べてきた第1段階から第3段階までについては、1つの逆説的な特徴付けが可能です。つまり、大学は、これらの各段階において、自律的であることを、あれこれの方策によって他律的に強いられてきているということです。第1段階では自己点検・評価が義務づけられ、第2段階では第三者評価による自己改善の促進が求められ、第3段階では法人としての計画の策定と実施に関する自己責任が求められています。

　国立大学に対して要求可能なものとして残されているのは、後は、財政的な自立(民営化)だけと言ってよいでしょう。もちろん、高等教育機関の大半を営利企業化することは、望ましくないばかりでなく、おそらく実現不可能でしょう。また、一切の公的な補助金を受けないという意味での完全な独立

採算は、現在の学校法人(私立大学)の場合ですら苛酷な要求であり、日本の将来を考えない無謀な要求と言えるでしょう。しかし、現在すでに、一部の私大関係者などからは、いわゆる「イコールフッティング論」、すなわち、補助金交付などの公的支援の条件を何らかの意味で平等化するという議論が提起されており、今後は、その見地から国立大学法人の学校法人化(私大化・民営化)の主張が強まっていく可能性があります。

　実務的マニュアルという本書の趣旨から言って、ここで、こうした民営化論の是非を論ずる必要はないでしょう。むしろ、指摘すべきなのは、国立大学法人という設置形態が維持されるにせよ、されないにせよ、いずれにしても大学が自律的であることを他律的に強いる圧力は弱まることはなさそうだ、ということです。とすれば、残された良策は、大学が自律的であることをできるだけ早く自ら選び取ることではないでしょうか。その際の「自律」で意味されるのは、公的補助を受けないということではなく、公的な高等教育機関としての自らの使命を貫徹するという見地から、与件としての外部環境を冷静に受け止めつつ、規制や補助金に強いられたり誘導されて右往左往せずに、自主的に「守るべきものは守り、変えるべきものは変える」という姿勢をとることでしょう。そのときには、大学の自己評価は、「自律的な非営利組織としての大学の経営に必要な戦略的情報を得るための自己評価」となるはずです。こうした前向きの位置づけからの評価についての研究は、すでに、たとえば名古屋大学評価情報分析室において始まっていると聞きます。本書の筆者である私も、「大学マーケティング論」という観点設定をして、数年前から少しずつ研究を進めています。その成果を本書で紹介するのは、まだ時期尚早ですが、近い将来の改訂版で取り上げられたらと思っています。「早く取り上げろ」というリクエストが高まれば、何よりの励ましとなるでしょう。

第2章　各種の教育評価

> 第2章のねらい

　第2章では、各種の第三者評価機関による評価の概要を紹介します。具体的には、次の観点に絞って紹介したいと思います。
- ① 第三者評価としてめざしている目的
- ② 主要な特徴
- ③ 第三者評価の判断材料として求められている自己評価書の特徴

ここでのねらいは、各種の第三者評価の特徴を明確にして、教育改善を目的とした大学の側の効果的な自己評価の手がかりを探ることにあります。得られるであろう具体的な手がかりは、次の2つです。

> ポイント3 ★大学教育に一般的に期待されている標準的な取組や改善は、自己評価における必須の項目。
> ポイント4 ★個性や特色を重視する自己評価でも、個性的で特色ある取組や改善だけでなく、標準的な取組や改善を評価対象とする必要がある。

　たしかに、他大学で一般的に行われているから自分のところでも取り組んでみよう、というだけであるならば、自律性という点で褒められたものではないでしょう。また、横並びだけに気をとられて、独創的で個性的な試みへの意欲が萎縮するようなことも望ましくはありません。とはいえ、一般的な趨勢をひたすら無視することが自律性・個性だとも言えないはずです。やはり、様々な試みから広く学びながら、自らの教育改善に役立てるという視点は欠くことができないわけです。

なお、念のため付け加えるならば、ここでの目的は、第三者評価機関の実際の評価結果に見られる傾向を分析して、大学の側が今後の第三者評価に「要領よく」対応するための即効的な「傾向と対策」を引き出すことではありません(ただし、だからといって、上の2つのポイントをつかむことが、良好な第三者評価を得る鍵となることを否定するつもりはありませんが)。

第1節　大学評価機構の教育評価

　大学評価機構は、評価の材料となる大学・部局の自己評価書の作成方法を指示するために、着手年度ごと・評価分野ごとに、『自己評価実施要項』(以下、『実施要項』と略記)を作成し公表しています。それぞれの『実施要項』の間には、分野の特質をふまえた記述を加えたり、前回の経験にもとづいて改良されたり等々による多少の違いはありますが、基本的な点では変わっていないと見てよいでしょう。そこで、ここでは、それらのうち、最新の2002年度(平成14年度)着手分の分野別教育評価・人文学系の『実施要項』に準拠して概要を示すことにします。

評価の目的

　前章でも言及したように、大学評価機構による評価の目的は、各大学が競争的環境の中で個性が輝く機関としていっそう発展していくために、① 教育活動の改善に役立てること、② 教育活動の状況や成果を社会に対して説明し社会の理解と支持を得るよう支援すること、とされています。

評価の主要な特徴

　大学評価機構による評価の主要な特徴としては、各大学の「目的・目標」に即して評価が行われるという点が指摘できるでしょう。これについて、『実施要項』は、次のように説明しています。

> 1) 機構の行う評価は、大学等の個性や特色が十二分に発揮できるよう、教育研究活動に関して大学等が有する「目的」及び「目標」に即して行います。そのため、目的及び目標は大学等の設置の趣旨、歴史や伝統、規模や資源などの人的あるいは物的条件、地理的条件さらには将来計画などを考慮して、明確かつ具体的に整理されていることが前提となります。
> 　機構では、これらのことを十分配慮して、大学等の行う教育研究活動が「目的」及び「目標」の実現に貢献するものであるか、また、当該活動の結果がそれを達成しているのかなどの点から評価を行います。
> 2) 機構の行う評価における「目的」とは、大学等が教育研究活動を実施する全体的な意図を指します。一般的には、教育研究活動を実施する上での基本的な方針、提供する内容及び方法の基本的な性格、当該活動を通じて達成しようとしている基本的な成果について示されている必要があります。
> 　また「目標」とは「目的」で示された意図を実現するための具体的な課題を指します。

　「目的・目標」に即して評価するということは、「目的・目標」が評価の基準となるということを意味します。ただし、「目的・目標」は成果型のものに限定されていません。本来的な意味で成果(アウトカム)を評価するというのであれば、成果に関する「目的・目標」について達成度を評価すれば十分と言えるわけですが、やはり、それだけではなく、成果を達成するための教育活動上の諸々の取組についても「目的・目標」を設定してもらい、それらの達成度についても説明を求め評価する、ということです。現在の評価技術の水準では、成果自体の達成度の厳密な測定は難しいですから、なおさらのこと、高い成果達成度につながると推測できるような手段的取組についても評価が必要となるわけです。

　「目的・目標」に即して評価するという方針には、2つの意図があると言えます。第一に、評価の公平性の確保です。つまり、規模・歴史・地理的条件などによって多様に異なる各大学について画一的な基準で機械的に評価することを避けるために、様々な条件をふまえた上で大学が自主的に設定する「目的・目標」に即して、各大学の諸活動を評価しよう、ということです。これについては、良好な評価を得るために大学側が「目的・目標」を故意に低く

設定するのでは、という懸念が当然ありうるわけですが、機構としては、その点については、大学の側のプライドと社会の評価に委ねるという姿勢でした。

　第二に、「目的・目標」に即した評価という方針には、不公平な評価の防止という消極的なものの他に、競争的環境における自らの個性の同定を各大学に促す、という積極的な意図も込められていたと考えられます。所与の諸条件の中で、大学としてどのような特徴や個性のある教育をめざしているのかを具体的に明確にし、その見地から、自らの教育活動を評価し改善を図るべきだ、という98年大学審答申の考えを反映したものと言えるでしょう。

　ところで、「目的・目標」に即した評価という方針には、実際には幾つかの難しい問題がありました。第一に、大学の側で「目的・目標」をどのように設定するかという難問です。評価の対象は、過去5年間の教育活動とされていましたが、5年前に、機構の期待にかなうような明確で具体的な「目的・目標」を設定していた大学や部局は、ほとんどなかったはずです。ですから、実際には、大学や部局は、過去5年間の教育活動の実態から、「目的・目標」であったと仮想できるものを抽出せざるをえませんでしたし、機構としても、そのようにリードしました。とはいえ、これは、試行期間中の不可避的な不都合だとも言えます。今後の国立大学法人評価では、中期目標・中期計画が事前に大学側で策定されているわけですから、原理的には、こうした不自然な擬制は避けられることになります（ただし、実際には、中期計画の達成度が評価の基準となるということを、大学の側が正しく十分に理解した上で中期計画を策定しているかどうか、という問題は残りますが）。

　もう1つの難問は、大学側の設定した「目的・目標」に即した評価だけで、社会の理解を得られる十分な評価になりえるのかという、より本質的な問題です。機構の実際の評価を見ると、たとえば、教員のFD（研修）とか学生による授業評価が普及している現状では、それらを行っていないことを大学の個性で説明する自己評価は、よほどの説得的な説明でない限り、機構の評価で追認されることは困難だと考えられます。また、先ほど述べたように、達成度自体の評価は難しいので、どのような「目的・目標」を設定した場合にでも高い達成度につながると推測できるような標準的取組（上述の例で言えば、

FDとか学生による授業評価)は、評価対象からはずせないことになるでしょう。

　大学評価機構は、次に見る評価項目・要素・観点の設定によって、大学の個性をふまえた評価と、「横並び」的な評価との統合を図ろうとしていたのではないかと思われます。

自己評価書の特徴

　機構の評価は、評価対象となる大学・部局の自己評価書にもとづいて行われます。この自己評価書の構成や書式は、公平で客観的な第三者評価を保証するという見地から、かなり厳格に定められていると言ってよいでしょう。

　『実施要項』によれば、教育評価の場合、自己評価書は、学部と大学院で別個に作成しなければなりません。それぞれの自己評価書では、まず、対象組織の現況と特徴(2000字以内)、次に、教育の「目的・目標」(2000字以内)を書きます。なお、「目的・目標」は、機構が指定している「評価項目」と関連させて設定することが求められています。これに続くのが、「評価項目ごとの自己評価結果」です。24-5頁に示すような書き方になります。

　ここに出てくる「評価項目」、「要素」、「観点」というのは、一読して理解できるとは言い難い用語です(実際、これらは、『実施要項』の中で、自己評価書の執筆担当者を苦しめた最も理解困難な「日本語」であり、何とかならないかと呻かずに済んだ人はいなかったでしょう)。「評価項目」とは、教育上の取組や活動などに関する大括りの分類と言ってよいでしょう。これには6項目あり、①教育の実施体制、②教育内容面での取組、③教育方法、④教育の達成状況、⑤学習に対する支援、⑥教育の質の向上及び改善のためのシステム、となっています。

　「要素」は、評価項目の下位にあるもので、各項目において必須の要素と考えられる一連の取組や活動のまとまりです。「観点」は、要素となる取組分野を幾つかの側面からさらに詳しく説明し評価するために大学側が任意に設定することになります。これだけでは、抽象的で判然としないでしょうから、評価項目の「教育の実施体制」を例にして、表に整理しておきましょう。

評価項目(必須)	要　素(必須)	観　点　例(任意に設定) 下の欄の観点例は、機構が『実施要領』で例示しているもの
教育の実施体制 「目的・目標」は、各評価項目に関連づけて設定する	① 教育実施組織の整備に関する取組状況	A. 学科・専攻の構成 B. 教員組織の構成
	② 教育目的及び目標の趣旨の周知及び公表に関する取組状況	A. 学生、教職員に対する周知の方法とそれらの効果 B. 学外者に対する公表の方法とそれらの効果
	③ 学生受入方針に関する取組状況	A. 学生受入方針の明確な策定 B. 学生受入方針の学内外への周知・公表 C. 学生受入方針に従った学生受入方策

　項目からではなく、観点から見ていくと、具体的なのでわかりやすいと思います。つまり、観点から要素へ、要素から項目へと、だんだんに大括りになっていくわけです。実際の自己評価書の記述も、次の書式に示されるように、観点から積み上げていく作業になります。

───────自己評価書の記述例───────

　　　　　　　　　　　　　　　　　　　○○大学○○学部(○○研究科)

III　評価項目ごとの自己評価結果
1　教育の実施体制
(1)　要素ごとの評価
　(要素1)　教育実施組織の整備に関する取組状況
　○観点ごとの評価結果
　　観点A：．．．．．．．．．
　　（取組状況）

> 「評価項目の要素」で設定した観点ごとに、現在の教育活動や取組全体の状況について記述する。

(分析結果) 教育目標( )に対応するこれらの取組は優れている。

> 取組状況が、教育目的及び目標を実現する上で「優れている」のか、「相応である」のか、「問題がある」のかを分析する。その際、対応する教育目標も示す。

(根拠理由)

> 上記分析をした根拠理由を記述する。

```
「データ名」
      〈根拠の裏付けとなるデータ等〉
                              (出典 ...)
```

観点 B：．．．．．．．．

○要素1の貢献の程度

以上の観点ごとの自己評価結果から、教育実施組織の整備に関する取組状況は、教育目的及び目標の達成におおむね貢献している。

(要素2)．．．．．．．．
(要素3)．．．．．．．．

(2) 評価項目の水準

以上の自己評価結果を総合的に判断して、教育の実施体制は、教育目的及び目標の達成におおむね貢献している。

(3) 特に優れた点及び改善点

．．．．．．の取組は．．．．．．の根拠から、．．．．．．特色ある取組である。
．．．．．．の取組は．．．．．．の根拠から、．．．．．．．．．．．改善を要する。

　この書式の実際の書き込み方は、引き続き、「教育の実施体制」という項目を例にすると、次のようになります。

> 1) 学科・専攻の現状について、「目的・目標」の見地から特徴的と言える点を意識しながら、概要を記述する。記述は、「評価項目ごとの自己評価結果」全体として6000字という制約があるので、数行の簡潔なものにとどめなければならない。
> 2) 教育目標の見地から、「優れている」、「相応である」、「問題がある」のいずれかで自己評価する。
> 3) 自己評価の根拠理由を示す。「優れている」という評価の場合、先駆的であるとか、特徴あるユニークな試みで、教育目標の達成に大きく貢献しているといった根拠理由が必要である。たとえば、「アジア重視の教育を行う」が教育目標とされていたら、それに即した専攻が設置されている、等々。字数制限の対象に含まれるので、簡潔な記述とする。
> 4) 根拠理由を裏付ける明確で具体的なデータを示す。字数制限の対象ではないので、必要なだけのスペースを使ってよい。ただし、あまりに長いもの・詳細なものは、焦点がはっきりしなくなるので効果的ではない。
> 5) 別の観点(教員組織の構成)についても、上の1)～4)の作業を繰り返す。
> 6) 観点ごとの評価を総合的に勘案し、「目的・目標」の実現の貢献度について、要素1全体として5段階評価をする。
> 　　　　「十分」、「おおむね」、「相応」、「ある程度」、「ほとんどない」
> 7) 要素の2と3についても、上の1)～6)までの作業を繰り返す。
> 8) 要素ごとの評価を総合的に勘案し、評価項目の水準を、「目的・目標」の実現の貢献度の見地から、上と同じく、5段階評価をする。
> 9) 項目全般をつうじて、とくに優れた取組や特色ある取組、あるいは改善を要する取組を、根拠を示して記述する。字数制限の対象に含まれるので、簡潔な記述とする。

ちなみに、機構の側の評価は、要素ごとに注目される点や問題点を指摘した上で、各項目について自己評価の場合と同様に5段階評価をするとともに、とくに優れた点や改善点を指摘する、という形です。6つの評価項目の各評価結果を合算した総合的評価はありません。安易な大学ランキングへの流用防止の配慮と考えられます。

さて、詳細についてはかなり省略して説明をしてきましたが、それでも、自己評価書が複雑な仕組になっていて、記述に相当の労力を要することは容

易に想像できるかと思います。しかし、ここで指摘したいのは、その点についてではなく、なぜそのようになっているかです。その理由は、すでに示唆したように、教育成果(アウトカム)の達成度に関する評価が定量的にも定性的にも困難であることに加えて、機構の評価が、大学の個性をふまえた評価と、「横並び」的な評価との統合を図ろうとしていた点にあると考えられます。

　たしかに、観点ごとの自己評価にしても、要素や項目ごとの自己評価にしても、大学側が自主的に設定した「目的・目標」の達成度を基準とする自己評価であり、また、優れた取組や特色ある取組についての記述ができる点でも、大学の個性をふまえた評価を尊重しようとしていると言えるでしょう。しかし、項目や要素は機構から指定されており、そこからの逸脱は許されていません。これらの項目や要素は、次の表(学部の場合)に明らかなように、評価に際しての必須のチェックポイントとして、大学がどのような個性をめざすにせよ、現在の趨勢から考えて大学教育における取組として基本的で不可欠と思えるものが慎重に選ばれています。

評価項目	要素(それぞれについての取組状況・達成状況)
1. 教育の実施体制	① 教育実施組織の整備 ② 教育目的及び目標の趣旨の周知及び公表 ③ 学生受入方針
2. 教育内容面での取組	① 教育課程の編成 ② 授業の内容
3. 教育方法及び成績評価面での取組	① 授業形態、学習指導法等の教育方法 ② 成績評価法 ③ 施設・設備の整備・活用
4. 教育の達成状況	① 学生が身に付けた学力や育成された資質・能力 ② 進学や就職などの卒業後の進路
5. 学習に対する支援	① 学習に対する支援体制の整備・活用 ② 自主的学習環境の整備・活用
6. 教育の質の向上及び改善のためのシステム	① 組織としての教育活動及び個々の教員の教育活動を評価する体制 ② 評価結果を教育の質の向上及び改善の取組に結びつけるシステムの整備及び達成状況

観点については、各大学がそれぞれの特性・個性に応じて任意に設定してよいことになっていますが、機構は、参考として観点例を提示しています。それらすべてを示すのは煩瑣になるのでここでは省略し、巻末資料(資料4)で示すことにしますが、例示されている観点は、「教育の実施体制」の例で先ほど示したのと同様に、他の要素の場合でも、自己評価する側でほとんど省略できない標準的なものばかりです。

このように、機構の評価では、どのような取組を評価のチェックポイントとすべきかという形式的な点で、各大学に「横並び」を求めています。もちろん、それぞれの大学がどのような教育をめざすのかという、「目的・目標」の内容面は、大学の自主性に委ねられています。その意味で、こうした評価方式は、形式面での「横並び」と、内容面での個性の尊重とを統合したものと表現することもできるかもしれません。とはいえ、これは、誤解を招きやすいでしょう。なぜなら、評価のチェックポイントとされている活動(学生受入方針の策定と公表、FDの実施、評価結果を改善につなげるシステムの整備、等々)は、やはり、実質的な教育活動の一部だからです。その意味ではむしろ、この評価方式は、「少なくともどの大学にも求められている標準的な取組・プラス・特色ある取組をつうじて、各大学の教育の改善と個性化を進めてください」というメッセージを発しているのだ、と考える方がよいでしょう。

こうした要求は、第三者評価を予定しない自己評価に際しても、考慮すべき点ですし、今後の国立大学法人評価の基準となる中期計画の書き方においても、配慮が必要です。さらに、認証機関評価が、国立大学に限らず、すべての設置形態の大学に義務づけられていることも、こうした傾向の促進要因となるでしょう。このことは、本マニュアルの実践篇でも、しっかり念頭に置くようにしたいと思います。

第2節　大学基準協会の教育評価

大学基準協会(以下、「基準協会」と略記)は、アメリカのアクレディテーション団体をモデルとして、1947年(昭和22年)に創設された歴史の古い組織で

す。基準協会の創設目的は、会員校の自主的努力と相互援助をつうじて大学の質的向上を図ることでした。私立大学・公立大学・国立大学という設置形態の異なる諸大学が加わっていることが大きな特徴となっています。基準協会は、大学設置基準に準拠して加盟申請大学の資格審査をする、という活動から出発しましたが、設置基準の大綱化以降は、会員校の「相互評価」にも着手し、第三者評価機関としての性格を強めていきました。

現在、基準協会では、加盟判定審査と、会員校の相互評価という、2種類の大学評価が行われています。両者の間には、加盟判定審査では評価結果により基準協会の正会員資格を付与するという点で、認証（アクレディテーション）の性格を帯びているが、相互評価の結果は会員資格に影響しない、という違いがあります。しかし、評価方式については、評価項目などで多少異なるところがあるものの、基本的にほぼ同様であると考えてよいでしょう。そこで、煩雑になるのを避けるために、ここでは加盟判定審査を例として取り上げることにします。また、自己評価書の特徴については、評価の主要な特徴の中で触れることとします。

評価の目的

基本目的は、「会員校の自主的努力と相互援助をつうじてわが国における大学の質的向上を図ること」という設立の趣旨にかなった評価を行うことです。その見地から、加盟判定審査においても、申請校の自主的な自己評価を前提に、その自己評価結果を総合的な観点から評価し、申請校の将来の発展につながるような有効なアドバイスを提供することが、評価の主眼とされています。また、あわせて、自己点検・評価を各大学に定着させるという効果も期待されています。

評価の主要な特徴

主要な特徴は4つあります。第一の特徴は、包括的な評価ということです。加盟申請校は、すべての学部・学科・大学院研究科での教育、研究、管理運

営など、多岐にわたる自己評価が求められます。大学評価機構の場合は、分野別の教育評価や研究評価、全学テーマ別評価というように、部分的な評価になりますが、これとは対照的です。申請校は、次のような項目立ての自己評価書を提出します。

---

① 理念・目的・教育目標　② 教育研究組織
③ 大学・学部等の教育研究の内容・方法と条件整備
④ 大学院の教育研究の内容・方法と条件整備
⑤ 学生の受け入れ　⑥ 教育研究のための人的体制
⑦ 研究活動と研究体制の整備　⑧ 施設・設備等
⑨ 図書館及び図書等の資料、学術情報　⑩ 社会貢献
⑪ 学生生活への配慮　⑫ 管理運営　⑬ 財政　⑭ 事務組織
⑮ 自己点検・評価

申請校は、自己評価書の他に、「大学基礎データ調書」という、教育研究等々の諸条件に関連した数値的データを所定の書式で整理したものの提出も求められます。

　基準協会が申請校に求める自己評価書の内容は、このように包括的であるために、それぞれの項目ごとの自己評価は、機構の場合に比べて大まかとなりますが、反面、大学の全体像が捉えやすく、教育面での評価に限っても、各部局の教育体制や教育内容が比較できる、教育上の様々な課題に対する大学全体としての組織的系統的な取組状況も一望できる、等々の利点があります。これらの点は、教育面での自己評価のあり方としても、部局の縦割り式自己評価を超える必要性という点で、重要な示唆を与えていると言えるでしょう。また、今後、法人化後の国立大学の評価において、財務省や総務省の意向を強く反映する形で、単年度ごとの大学全体についての年次評価の比重が高まるようなことにでもなれば(運営費交付金は、部局にではなく、大学全体に配分されるのですから)、大いに参考になるはずです。

　第二の特徴は、評価対象となる大学の理念や目的を重視する、ということです。そのため、基準協会による評価方式の1つは、項目ごとの諸活動における理念目的の達成度評価とされており、それぞれの項目について、十分な

達成度をAとし、それ以下を順次、B、C、Dとして減点評価するという方式がとられています。これは、「達成度による評定」と呼ばれています。また、基準協会の評価では、申請校の建学の精神を尊重しつつも、それが古風なものや抽象的なものであることが少なくないので、現状に適合した具体的で明確な教育研究の理念・目的へと整合的に展開しているかどうかについて、必要に応じてコメントをします。大学評価機構の評価では、各大学の「目的・目標」について直接的なコメントは控えますから、ここにも、基準協会の評価の特色があると言えるでしょう。

　第三の特徴は、評価対象となる大学に一律に適用される横並びの判断基準による評価を、もう1つの評価方式としていることです。これは、加盟判定に際して大学設置基準との適合審査から出発したという、基準協会の歴史に由来しています。この横並び判断基準は、近年の大学をとりまく状況の変化に対応して、徐々に変化してきています。たとえば、敷地や校舎の学生1人あたりの面積、図書館の閲覧席数、学生定員の超過率など設置基準に準じた判断基準に加えて、最近では、定員割れの比率や財政状態などについての判断基準も作られています。これらの判断基準による評価は「水準による評定」と呼ばれ、判断基準をクリアしていれば2、良好な場合は1、基準を満たしていなければ3、とされます。最終的な加盟判定においては、この水準評価と理念・目的の達成度評価とを総合的に勘案して、合否判定を出すことになります。横並び判断基準による水準評価は、今後、基準協会が認証機関評価を行っていく際にも、大学の質を保証する評価という見地から、大きな役割を果たすことになると予想されます。

　最後に第四の特徴としては、基準協会の評価では、問題点の指摘ばかりでなく、評価対象大学の個性や特色の伸長を促進するために、長所の指摘も重視されている点があげられるでしょう。加盟判定審査の結果を申請校に通知する際には、基準協会は、是正や改善を要する点について勧告と助言を行いますが、助言の部分には、問題点の指摘に先行する形で、かなりのスペースを費やして、長所と認められる点の伸長を促す助言も加えられています。申請校の側では、思わぬ点が長所と評価され、自らの個性や特色を見直すきっかけとなることもあるようです。

第3節　JABEE の教育評価

　JABEE とは、日本技術者教育認定機構（Japan Accreditation Board for Engineering Education）の略称です。JABEE は、大学などの高等教育機関における技術者教育プログラムを国内の統一的基準にもとづいて認定・審査する仕組みの確立をめざして、1999年(平成11年) 11月に設立されました。JABEE は、技術系の学会・協会などで構成される組織ですが、経済界や関連省庁からの支援も受けています。

　JABEE は、その設立趣旨にしたがって、2000年(平成12年)から、準備が先行していた分野で試行審査を開始し、翌年以降からは、分野を拡大して本審査への移行を図りました。

評価の目的

　JABEE による評価は、「認定審査」と表現されています。その目的は、JABEE の設立趣旨を承けて、「わが国独自の統一的基準に基づいて技術者教育プログラムを認定審査することによって、わが国の技術者教育の質を保証するとともに、国際的同等性の確保にも対応する」こととされています。目的からして、JABEE の評価は、教育分野を対象とする評価ということになります。

　評価の目的をこのように設定した前提には、市場が世界規模に拡大し、そこでの経済競争が激しくなっていく中で、科学技術振興が国策としていっそう重視され、科学技術に関する研究や教育・人材育成の実効性を高めるために競争的な環境が政策的に作り出されつつある、という現状認識があります。技術者教育を担う大学や学部・学科の側としても、実効的な教育・人材育成を促進するとともに、成果を客観的に評価してもらい、その評価結果を相応の資源配分の根拠として主張する必要が出てきたわけです。また、技術士の資格要件を満たすような教育の質の確保も必要となっています。他方、経済のグローバル化が進む中で設立されたWTO（世界貿易機関）は、サービス分野でも国際化の推進をめざしており、専門技術者の国境を越えた自由な移動に対する障壁の除去を図ろうとしています。そのため、技術者資格を国際的に

相互承認する仕組とともに、技術者教育の国際的同等性を確保することも必要となっているわけです。

　JABEEの教育評価は、こうした大きな趨勢に応えることをめざしつつ、「技術者」や「技術者教育」の概念を幅広く理解しているために、工学系教育だけではなく、理学系や農学系の教育にまで対象が広がっています。また、JABEEの評価は、技能や資格と密接にかかわるものだけに、すでにコア・カリキュラムの標準化に取り組み始めている医学系教育における評価や、さらには法学・経営学などの専門職大学院を対象とする認証機関評価のあり方にも、今後、重要な参考例として影響していくことが考えられます。

評価の主要な特徴

　JABEEによる評価の主要な特徴としては、2つの点が指摘できます。第一に、組織名称に「アクレディテーション」が含まれていることからも明らかなように、評価が認証評価であること、つまり、評価が一定水準の教育の質を認定(認証)することを中心的な目的にしていることです。もちろん、教育の質の向上をめざした改善を促すことも自明の前提とされていますが、認定を申請する大学の立場からすれば、認定のための評価の後よりも、むしろ、その前に、認定を得られる水準にまで改善を進めておく必要がある、ということになります。ただし、認定の有効期間は5年と定められており、この仕組が、認定後の大学の側の自己評価・改善のサイクルを促進する機能を果たすことになると言えるでしょう。

　JABEEの評価は、このように、認定(認証)を前提とした評価ですから、横並び的基準による評価の性格が強くなります。とりわけ、技術者の要件としてJABEEが設定する知識・能力や、それらを養成するための授業時間の確保という点では、標準に到達しているかどうかが、評価にとって決定的となります。ただし、このことは、JABEEが画一的な教育の内容や方法を要求しているということではありません。むしろ、一定水準の成果(アウトカム)が保証されるのであれば、成果を出すための方法は問わない、というのが基本的考えです。とはいえ、成果を定量的に精確に評価することは難しいので、成

果に至るまでのプロセスについても、各大学の取組の個性や独自性を損なわないことに配慮しつつ、一定の評価指標を設定しているわけです。

　第二の特徴は、認定の対象が「教育プログラム」とされている点です。この「教育プログラム」とは、学科・コース等のカリキュラムだけではなく、課程の修了資格の評価・判定を含めた入学から卒業までのすべての教育プロセスと教育環境を含むものとされています。「教育プログラム」という表現には、実質的な教育現場をターゲットにするという意図が込められているので、評価の力点は、必ずしも学科・コースの授業科目だけではなく、教養教育を含めて学生たちが入口から出口に至るまでに実際に受ける教育の機能状況と成果に置かれています。その意味で、大学評価機構の分野別教育評価や大学基準協会の評価が、学部・学科などの教育組織の制度的仕切りを前提とする結果、専攻教育を中心に取組や成果を見る傾向にあるのとは異なっています。あくまでも教育を受ける側にある学生の知識・能力育成の出口段階における成果(アウトカム)に注目して評価するという視点から、教養教育や専攻教育を1つの教育プログラム総体と見なして評価するという姿勢は、今後の自己評価のあり方を考える際にも大いに参考になる点と言えるでしょう。

自己評価書の特徴

　JABEEの評価では、自己評価書は「自己点検書」と呼ばれており、点検項目ごとに、点検基準が明示されています。項目の編成は次のようになります。

1. 学習・教育目標の設定と公開
2. 学習・教育の量
3. 教育手段
4. 教育環境
5. 学習・教育目標達成度の評価
6. 教育改善
7. 分野別要件

　大きな特徴としては、2つの点が注目されます。第一に、「1. 学習・教育目

標の設定と公開」に関する特徴です。達成すべき成果を目標として示すことを求めるという点は、大学評価機構や大学基準協会の評価でも同様ですが、JABEE の場合は、認定という使命がありますから、大学側での目標設定の自主性を尊重しつつも、認定を円滑に進めるために、明確で具体的であることを促すための仕掛が作られている、という特徴があります。すなわち、JABEE は、① 認定に必要な知識・能力、② 分野別要件としての知識・能力をあらかじめ列挙し、大学側の目標を、それらのすべてと何らかの形で関連づけることを要求します。① は次のようになります。

JABEE が要求する知識・能力

(a) 地球的視点から多面的に物事を考える能力とその素養
(b) 技術の社会および自然に及ぼす影響・効果に関する理解力や責任など、技術者として社会に対する責任を自覚する能力(技術者倫理)
(c) 数学、自然科学、情報技術に関する知識とそれらを応用できる能力
(d) 該当する分野の専門技術に関する知識とそれらを問題解決に応用できる能力(② の分野別要件として、別途、幾つかの項目に細分して列挙される)
(e) 種々の科学・技術・情報を利用して社会の要求を解決するためのデザイン能力
(f) 日本語による論理的な記述力、口頭発表力、討議などのコミュニケーション能力および国際的に通用するコミュニケーション基礎能力
(g) 変化に対応して自主的・継続的に学習できる能力
(h) 与えられた制約の下で、計画的に仕事を進め、まとめる能力

このように、列挙されている知識・能力は、きわめて一般的・抽象的に表現されており、多少の表現の変更を加えれば、文系の教育内容の要件にもできるぐらいです。ここでは例示を省きますが、分野別要件でも、学習すべき分野の指定はあるものの、緩やかな要件と言えます。教育の具体的内容を束縛しない配慮がうかがえます。

　自己点検書では、大学側が設定している学習・教育目標と、上記要件との関連を次のような書式で提示する必要があります。仮に学習・教育目標が (A) から (E) まで 5 つある場合には、次のようになります(分野別要件の欄は省略します)。

学習・教育目標 \ JABEEが要求する知識・能力	(a)	(b)	(c)	(d) 省略	(e)	(f)	(g)	(h)
(A)	◎		◎					
(B)		◎			◎	○		
(C)					◎			
(D)			○			◎		
(E)		○					◎	◎

◎は、JABEEが要求する知識・能力を中心的に含んでいる場合、○は付随的に含んでいる場合です。大学側が自主的に設定する学習・教育目標は、いずれかが、必ずJABEEが要求する知識・能力に関連していなければなりませんから、それぞれの縦の列の少なくとも1つ以上の欄に必ず◎が入っている必要があります。ただし、明確に要件とされてはいないものの、同一の横の列で◎や○があまりにも多すぎる場合は、目標が特定的でなく具体性を欠いているおそれがありますので、再考の必要があるように思われます。

　横の列の知識・能力は、一般的・抽象的に表現されていても、このような仕掛により、これらの知識・能力を、縦の列の学習・教育目標の設定に際して意識するよう促すことで、学習・教育目標は、かなり明確で輪郭のはっきりしたものとなり、目標の達成度をどのような指標と方法を用いて立証したらよいかについても、見通しが開けてくるのではないでしょうか。ここまで来れば、後は、評価指標・方法・根拠データをじっくり検討し、その検討結果に即して、さらに目標の明確性・具体性を高めることもできるでしょう。実際、JABEEの評価では、① 学習・教育目標、② 目標達成度の評価方法（成績評価の方法）、③ 目標達成度の評価基準（成績評価基準）を1つの表で示すことを求め、こうしたプロセスを誘導しています。実際に提出された自己点検書を見ると、②の項目において、それぞれの学習・教育目標の達成のために、どの程度の授業時間や自習時間を割り振るかや、各科目がそれぞれの学習・教育目標のためにどれだけの時間を配分しているかについて明示し、これによって、カリキュラム全体および各科目において、それぞれの学習・教育目標にかけている比重がわかる工夫をしている例もあります。

横並び的要件への対応と個性や特色の発揮とを共存させつつ、目標の明確性・具体性を促進するアイデアという意味で、この仕掛は、私たちが自己評価において目標を設定する場合にも、大いに参考になります。また、このポートフォリオ的な表示方式は、たとえば、教育憲章などに掲げられている大学全体の教育理念を各部局の教育目標に反映させる場合にも役立つでしょう。つまり、憲章の項目と部局の教育目標の各項目とを一対一対応にする必要はないので、部局の側の自由度が確保されるとともに、憲章をしっかり受け止めているかどうかを可視的に示すことができます。同様の応用は、部局としての教育目標を学科・専攻・コースの教育目標に反映させる場合や、さらに、学科等のカリキュラム編成に際して、各科目がどの教育目標を中心的にめざしているのかを示す際にも可能でしょう。実際、JABEEの評価では、カリキュラムを構成する各科目と学習・教育目標との対応関係を示す表の提示が求められています。

　さて次に、JABEEの評価において注目される第二の特徴に移ります。第二の特徴は、目標達成度(教育成果)の評価に関する工夫です。JABEEの評価では、それぞれの学生の成績評価(学習・教育目標の達成度の評価)の実態を示す根拠資料として、合否のボーダーライン上にある答案の提出を求めています。その他、各科目の合否の水準をどのように決めているのか、教員相互でどのような申し合わせをしているのか、なども根拠資料とされます。これらによって、評価対象となる教育プログラム総体が、学習・教育目標の達成度の水準をどこに置いているかを検証しようとしているわけです。これは、教育プログラムの水準認定を主要目的とするJABEEならではの厳格な評価であり、他の第三者評価には見られない特徴です。

　もちろん、水準認定を趣旨とするJABEEの評価を離れて、教育評価の一般論として言えば、教育成果(教育目標の達成度)の指標として成績評価だけに注目すれば十分かどうかには、議論の余地があるでしょう。とりわけ、創造性とか倫理性の育成といった教育目標の場合は、そう言えるでしょう。大学評価機構の教育評価において卒業生や就職先のアンケート調査の結果が根拠資料として重視されているのも、こうした事情によるものと考えられます。

　とはいえ、成績の結果や成績評価の方法・基準が、教育成果についての重

要な指標の1つであること自体は、否定できません。とりわけ、教育成果の評価指標については未開発な点が多い現状では、自己評価の場合にせよ、JABEE以外の第三者評価の場合にせよ、成績評価の方法・基準の厳格性や整合性をチェックポイントにしつつ成績評価の結果を吟味することは、教育成果(教育目標の達成度)の説明や評価において、不可欠の説得的な手法と言えるでしょう。

第Ⅱ部 実践篇

第3章　自己評価体制と作業計画の作り方

> **実践篇を始めるにあたって**

　さて、いよいよ、この第3章から実践篇ということになります。

　実践篇を始めるにあたって、まず最初に、本マニュアルで想定している自己評価の場面について念押しをしておきましょう。「はじめに」で示しておいたものを、再度、ここで提示します。

1. 改善につなげる自己評価であることが大前提とされている。
2. 来るべき国立大学法人評価や認証機関評価の準備を進めることも兼ねて自己評価を行う。
3. 部局単位の自己評価を行う。
4. 自己評価項目や自己評価書の書式は、大学評価・学位授与機構による分野別教育評価で指定されていた方式に準拠する。
5. 法人化に備えて策定されている部局の中期目標・中期計画は、評価の観点からは、まだ十分に練り上げられていない。

　このように想定する理由は第Ⅰ部・導入篇で示しましたが、ちょっとだけ復習をしておきましょう。上の2と4の想定は、大学評価機構の評価項目と中期計画の項目が、ほぼ同一のコンセプトにもとづいていることに理由があります。そのため、自己評価が、大学評価機構の分野別教育評価の6つの評価項目に準拠して行われることを想定しているわけです。コンセプトの同一性については、第4章であらためて取り上げます。

　実際に、分野別教育評価の場合と同レベルの自己評価を一挙に実施するのが難しい場合は、次の点に留意してください。後述するように、成果型(教育

の達成度)の「目的・目標」設定やそれらを基準とした教育成果の評価を後回しにすると、かえって作業が複雑で面倒になります。そこで、年度ごとに1～2項目ずつ評価を進めるという方針よりも、概略的でもよいので最初から6項目すべてに取り組み、何年かかけて密度とレベルを上げていく、という方針を推奨したいと思います。

　5の想定については、非現実的想定であることを願いたいところですが、実際は必ずしもそうではないようだ、というのが本マニュアルでの判断です。

第3章のねらい

　第3章では、自己評価体制と作業計画・作業手順の作り方に関する次のようなポイントについて解説しようと思います。

> ポイント　5 ★評価対象となる活動全般を見渡せるリーダーを確保する。
> ポイント　6 ★評価チームは小規模を基本とし、しっかりした支援体制を作る。
> ポイント　7 ★評価作業のための人材育成の見地も忘れずに。
> ポイント　8 ★メンバーには事務職員を必ず加える。
> ポイント　9 ★着実な作業計画の策定とスケジュール管理に心がける。
> ポイント 10 ★面倒なことを後回しにしない作業計画を立てる。
> ポイント 11 ★同僚の理解・協力を得る工夫を考える。
> ポイント 12 ★将来を見据えた支援体制の構築をめざそう。
> ポイント 13 ★評価結果を改善につなげる仕組は、わかりやすく明確なものに。

　教育評価の対象は、全学的か、部局単位か、学科や専攻単位かなどの規模の点で多様ですし、また、対象となる単位における教育の内容や方法も種々あります。評価体制は、これらの事情に応じた作り方を工夫する必要があるので、一般的な準則を立てにくいことは事実です。また、作業計画・作業手順の策定についても、自己評価を行う部局の評価の経験や習熟度に応じて、多

少の違いはありえるでしょう。

　とはいえ、設置基準大綱化以降の自己点検・評価や外部評価、大学評価機構の全学テーマ別評価・分野別研究評価・分野別教育評価などの経験から、上に示したような、平凡ではあれ有用な幾つかのポイントを引き出すことはできそうです。ただし、これらのポイントは、あくまでも経験的に得られたものですから、実際の場面では、実情や様々な制約条件などに即した応用や工夫が必要であることは言うまでもありません。

第1節　評価チームの編成

> ポイント5 ★ 評価対象となる活動全般を見渡せるリーダーを確保する。

　評価チームは、自己評価委員会といった名称の委員会形式であることが一般的ですので、それを前提に話を進めることにします。まず、チームのリーダーとなる委員長についてです。

　評価は改善計画の策定などと密接不可分であり、その意味で部局運営の根幹にかかわりますので、部局の場合でしたら、評価委員長の人選は、部局運営の責任者である部局長によるのが望ましいでしょう。人選は、ローテーションなどの機械的な基準に頼るべきではありません。当たり前のことですが、この人選が評価作業の成否を大きく左右することに十分な注意を払うべきです。部局長による人選は、評価委員長の主な仕事内容が次のようなものであることをふまえる必要があります。

---

① 作業分担、手順、スケジュールなど、作業計画の原案を作成すること。
② 作業の全体を見守りながら諸活動を調整し、スケジュール通りの作業進行を確保すること。
③ 部局長やその補佐（副部局長・評議員等）と協力して、作業の前進と成功に不可欠な部局内の理解と協力を確保すること。

　ちなみに、委員長が自己評価書の執筆作業を分担する例はしばしば見られ

ますが、これは本来的には、どうしても委員長が引き受けなければならない任務というわけではありません。とはいえ、人手不足という現実問題のために、多くの場合、執筆分担は不可避でしょう。また、執筆作業に関与することは、作業の実態に即して調整やスケジュール進行を図ることに役立つ面もあります。この見地から、とくに委員長に自己評価書の執筆経験がない場合には、執筆作業に加わることを推奨しておきたいと思います。

　評価委員長の仕事内容から考えて、人選に際しては、たとえ評価活動の経験がない場合でも、「評価対象となる活動全般を見渡すことができる」という点を重視することが必要です。教育評価の場合でしたら、教務関係の委員や委員長の経験者などが候補になるでしょう。また、過去の事例に詳しい部局長や評議員の経験者といったベテランも候補の中に入れられるでしょう。もちろん、言うまでもなく、これらは絶対条件ではありません。要点は、あくまでも、部局の教育(そして全学教育の概要)を広く見渡すことができるというところにあります。加えて、当然のことながら、評価と改善の必要性について理解があること(願わくば、両者について熱心であること)も求められます。今後、評価活動が永続化していく中で、評価経験者が部局長になる場合も増えていくでしょうから、適切な見地からの人選がさらに確実になっていくものと期待したいところです。

> ポイント6　★評価チームは小規模を基本とし、しっかりした支援体制を作る。

　教育評価の場合、評価対象となる活動が多岐にわたるため、どうしても評価チームは大規模になりがちです。しかし、大人数のチームですと、会合の日程調整が難しくスケジュールに遅れが出やすい、作業間の調整が複雑になる、評価基準についての理解の統一に手間取る、自己評価書の記述にばらつきが出る、などの問題が生じがちです。評価対象となる学科や部局の規模にもよりますが、経験的には、5〜7人程度が適正規模のように思われます。教務関係の委員長などの役職指定で評価委員を任命する場合もありますが、それぞれの委員会もたくさんの仕事を抱えていて多忙ですので、評価委員とし

ての活動時間の実質的確保という点で、慎重な判断が必要です。いずれにせよ、教務の事情全般につうじていて、評価に必要な様々な資料を扱える人をメンバーに加えることは間違いなく必須です。

ただし、これぐらいの人数ですと、作業をどれほど効率化しても、各メンバーの負担はかなりの重さになりますから、しっかりとした支援体制を作ることが必要です。これについては、次の第2節で取り上げたいと思います。

ポイント7 ★評価作業のための人材育成の見地も忘れずに。

限られた時間で自己評価作業の能率を高めようとすると、評価委員会のメンバーは、ベテラン中心になりがちです。しかし、今後の大学教育において、評価の必要が消滅することは当面ありえないのですから、評価作業のための人材育成の見地から、若手や中堅の教員を必ず若干名加える配慮が必要です。熱心であれば、教育経験が浅く評価経験がなくても、急速な習熟が期待できます。また、ある程度の評価作業の経験を積めば、実行可能性のある斬新なアイデアを出してくれることも期待できるでしょう。ただし、言うまでもないことですが、研究面での発展を阻害しないため、特定の人だけを、長い期間、評価の仕事に拘束しない配慮も必要です。また、評価経験を普及させるという見地からも、若手・中堅のメンバーについては、任期をあまり長くせず回転を速くした方がよいでしょう。

ポイント8 ★メンバーには事務職員を必ず加える。

これは、独立したポイントとして掲げて、大いに強調したい点です。教育評価においては、教務関係の事務職員の支援は不可欠ですが、たんに支援を得るというだけでは不十分です。事務職員の評価への関与や支援のあり方については次節であらためて取り上げますので、ここでは、教務関係の事務職員を少なくとも1名は委員としてチームの正式メンバーに加えておくべきだ、と力説しておくことにとどめます。評価データの集積体制の整備を進めたり評価結果を改善につなげていく際に、教育の実施状況全般を教員以上に熟知

している事務職員が責任あるメンバーとして評価チームに加わっていることは、大いに役立つはずです。また、事務職員が評価の仕事に習熟し理解を深めるという点でも、有益だと思われます。

第2節　作業計画の策定

> ポイント9　★着実な作業計画の策定とスケジュール管理に心がける。

　次に、作業計画面での配慮や工夫に移ることにします。

　どのような仕事にも共通することなので、今さらという感じもしますが、「言うは易く、行うは難し」ですので、やはり、まず第一に、着実な作業計画とスケジュール管理の重要性を強調しておきたいと思います。

　これは、どの部局の中期計画においても、自己点検・評価の恒常的・定期的実施を社会に向けて明示的に約束しているはずですから、なおさら重要なポイントです。また、国立大学法人に対する文部科学省や大学評価機構の評価がどのようになるかは未定ですが、どのような形になるにせよ、それらに十分に対応するために、今後は、部局レベルにおいても、定期的な自己評価を着実に繰り返してレベル向上を図ることが必要です。

　作業の内容を区分し段階を設定するなどの作業計画の策定と、作業のスケジュール管理は、あらかじめ設定している締切日を強く意識し、そこから逆算して行う必要があります。つまり、締切日に間に合わせるためには、いつまでにどの作業を終えていなければならないか、言い換えれば、「この作業についての譲れない締切日はいつにしなければならないか」、と考えるわけです。とりわけ、評価経験のないメンバーが多い評価チームの場合は、余裕を持たせて、個々の作業についても作業全体についても、実際の締切日よりも1ヵ月早く終わるような作業計画を立てておくのもよいでしょう。そのようにしても、経験的に言って、実際の締切日ぎりぎりまで作業が終わらない、というのが現実です。

> ポイント10 ★面倒なことを後回しにしない作業計画を立てる。

　作業手順は、手のつけやすい(ように思える)作業が先行する形で計画されがちです。しかし、実際の経験から言えば、面倒に思える作業(事実、面倒である作業)から始めるか、あるいは少なくとも、手がつけやすいと考えて問題のない作業と同時並行的に、面倒な作業にも着手するよう計画を立てることが必要です。面倒な作業を後回しにすることは、けっして勧められません。

　自己評価が大学評価機構の分野別教育評価の評価項目に準拠して進められる、という想定に従って説明していきましょう。機構の教育評価の評価項目は、次のようなものでした。

> ① 教育の実施体制
> ② 教育内容面での取組
> ③ 教育方法
> ④ 教育の達成状況
> ⑤ 学習に対する支援
> ⑥ 教育の質の向上及び改善のためのシステム

　これらのうち、根拠データが集めやすく、自己評価書の記述も手早く書けそうなのは①や⑤であり、それらの次には、②・③・⑥でしょう。④がいちばん難しいはずです。さらに、各項目の評価基準となる「目的・目標」の設定も、④との関連をふまえることが必要なので、同様に難しいでしょう。そこで、手のつけやすい作業から始めるということですと、①や⑤からということになります。ところが実際には、こうした手順で進めると、作業が行き詰まったり、二度手間になったりしてしまうのです。

　大学評価機構や他の第三者評価機関の評価では、教育の成果(アウトカム)の評価に大きな比重が与えられています。こうした傾向に対応した自己評価を進めようとする限り、まず最初に、④の項目に該当する実際の教育成果を大まかに予測しながら、教育成果に関する「目的・目標」を設定しておく必要があります。また、他の項目に関する「目的・目標」は、成果との関連を

意識して設定しなければなりません。さらに、いずれの「目的・目標」も、部局運営の方針に他なりませんから、部局教授会でのコンセンサスを得ておくことも必要です。最初から④に取り組んで、これを中軸に他の「目的・目標」を設定しておかないと、作業が円滑に進まなくなるわけです。

　ただし、実際には、評価の基準として申し分なく機能する「目的・目標」を最初からうまく設定できるとは限りません。各評価項目の記述や根拠資料の提示を進めていく中で、軽微な修正が必要になることが少なくありません。極端な場合には、威勢のよい「目的・目標」をとりあえず設定したものの、その達成度を裏付ける具体的な根拠データが思い浮かばない、ということすらありえます。したがって、経験をふまえたアドバイスとしては、〈少なくとも、「目的・目標」の骨子を早く確定し、修正がありうることを含めて、それについて、部局のコンセンサスを早めに得ておきましょう〉ということになります。

　なお、ここでは、評価の観点から見て部局の中期計画が十分に練り上げられていないままの状態で、自己評価を開始する場合を想定していますから、そのような中期計画と、評価に適合した「目的・目標」の骨子との対応関係を図式化しておく作業も必要となります。

　もちろん、「目的・目標」の骨子策定が先行すべきだといっても、本マニュアルの第2章で示したように、標準的・横並び的に求められている活動（FDとか、学生による授業評価、等々）もありますから、「目的・目標」の設定作業に並行して、早い段階から、こうした活動に関する根拠データを収集し整理する作業を始めることはできます。そして、「目的・目標」の骨子が定まったら、④の「教育の達成状況」についての作業を、それ以外の評価項目に関する作業と、必ず同時に開始することにします。④の作業は時間がかかりますので、その作業経過をにらみつつ、それがやがてたどり着くであろうところの予測を繰り返しながら、④以外の作業を早めに進めていくことにしましょう。

　以上を表にまとめて、次頁に示しておきます。

	「目的・目標」	教育の達成度評価	その他の評価項目
第1段階	○「目的・目標」についての骨子の作成 ○骨子に対する部局内コンセンサスの確保	○成果に関する大まかな予測と、それにもとづいた「目的・目標」の設定	○標準的・横並び的に求められている諸活動の同定と、それに関連する資料の収集、整理
第2段階	○評価項目ごとの自己評価書の記述や資料提示をふまえた、「目的・目標」の調整・修正	○達成度を裏付ける根拠資料の収集・整理	○「目的・目標」に関連した特色ある取組の同定 ○特色ある取組について関連資料の収集
第3段階		○自己評価書の記述	○自己評価書の記述
第4段階	○自己評価書全体をつうじての記述の整合性についての検討と修正作業		

第3節　同僚の理解・協力と支援体制

> ポイント11★同僚の理解・協力を得る工夫を考える。

　同僚の理解と協力の度合が評価作業の速度や質に大きく影響することは、すべての評価経験者が深く実感しているところだと思います。さらに、評価への同僚の理解と協力は、評価のための評価に終わらせず、評価を改善へとつなげるためにも不可欠です。

　以前に比べれば、評価の意義や必要性に対する理解は徐々に広がり深まっていると言えるでしょうが、それでも、評価作業を担当する立場からは、もどかしさを感じることも少なくないはずです。しかし、こうした現状に不満を持ち、評価作業が円滑に進まないことに苛立っているだけでは、事態は少しも変わりません。自己評価による改善の推進は、究極的には大学や部局の存続にもかかわっているのが現実であり、その意味ですべての教員に共通する課題であることを根気よく説得し、理解と協力を得るために、前向きに様々な工夫を考えることが必要です。

理解と協力を得るためには、やはり、同僚に当事者意識・参加意識を持ってもらうことが最良の方策に思われます。そのためには、言葉で説明や説得を繰り返すだけではなく、やはり、何らかの形で、評価作業に参加してもらうことがよいように思います。
　部局長や副部局長・評議員など、部局の運営を担う執行部に関しては、評価チームのレギュラー・メンバーにはなってもらわないまでも、少なくとも、作業計画や「目的・目標」の骨子を策定する場合など、作業の節目ごとに必ずチームの会議に参加してもらうようにしましょう。彼らに作業の概要や基本方針、作業のおおよその流れや進行状況を理解してもらうことは、第三者評価や外部評価でのヒアリングなどの機会に、自己評価書と整合した的確な応答を彼らにしてもらうために必要であるとともに、彼らをつうじて同僚の理解や協力を得ることにも役立ちます。とくに、彼らに評価経験がない場合には、評価作業の全体像の理解につながりそうな仕事について、多少分担してもらうという「教育的」配慮が必要でしょう。その場合は、多忙を理由に彼らがそうした仕事をチームに丸投げしないよう、割り当てる仕事内容に工夫をする必要があります。評価委員長のアドバイスとチェックを受けつつ(ここが肝心)、作成中の評価書の校正を担当してもらうとか、あるいは、自己評価作業の概要・趣旨・現状について、同窓会報とかホームページに簡略な紹介文を書いてもらうのも一案です。
　部局長の側としても、自らの理解と協力が(チームのメンバーに対する「御苦労様」の一言すらもが)、評価チームの士気を支え、評価作業の成功に大きく貢献するものであることを、深く理解していただけたらと思います。
　部局長や副部局長・評議員以外の同僚の理解や協力も、評価のためのデータを集めるなど、実際の作業の観点から言っても、絶対に必要です。とはいえ、データを求める際に、データ提供を当然の義務のようにして求めるだけでは芸がありません。そうした協力が今や教員全員の職務上の義務であることは厳然たる事実ではありますけれども、義務ばかり強調しても息苦しくなります。評価チームの求めているデータが、評価の中でどのような意義を持つのか、データの提出がどれほど評価作業に貢献するのかについても、繰り返し丹念に説明するようにしましょう。また、提供されたデータを用いて行わ

れている作業の進行状況などについても、教授会での報告などの機会に、必ず定期的に同僚に伝わるようにすることが大事です。

> ポイント 12 ★将来を見据えた支援体制の構築をめざそう。

(1) 支援体制の柔軟性の確保

　すでに第 1 節で指摘したように、少人数の評価チームでは、各人の作業負担はかなり重くなりますので、しっかりした支援体制が必要です。評価体制を作る際に、その点に十分に配慮しておかなければなりません。ただし、作業の進行状況に応じて、体制の変更や強化に柔軟に対応できることも必要です。当初から支援体制内での分担を厳格に決めてしまって、後から、必要が生じてきた新たな仕事について、「それは自分の担当ではありません」といった役割論・権限論でブレーキがかかっては、作業は円滑に進みません。とりわけ、評価チームにせよ、部局全体にせよ、大学評価機構の分野別教育評価レベルに対応できるような自己評価の経験がない場合には、実際の作業で予測できないことが多々ありますから、支援体制の柔軟性の確保は必須と言えるでしょう。

(2) 支援内容の中心はデータ収集

　支援の中で圧倒的な部分を占めるのは、評価の根拠データの収集です。自己評価書の記述にどれほどレトリックを駆使しても、それだけでは、第三者評価の現在の評価技術水準から考えて、対外的な納得はほとんど得られません。根拠データが勝負所となるわけです。どのようなデータが具体的に必要かについては、第 5 章で取り上げます。ここでは、さしあたり、根拠データのおおよその分類を念頭に置いた支援体制の主要構成要素の例示にとどめます。

支援体制の構成要素		データ（代表的な例のみ）
教務関係の委員会		学生受入方針やカリキュラム等に関する検討の経緯や現状
入試関係の委員会		入試に関する検討の経緯や現状、入学後追跡調査の現状
施設・図書関係の委員会		施設・図書等の整備・充実に関する検討の経緯や現状
人事の方針・方法等に関する委員会		人事の方針・方法等に関する検討の経緯や現状
自己点検・評価委員会		点検・評価・改善策に関する検討の経緯や現状
事務	学生掛	学生数、カリキュラム、成績、留年者数、教務関連規則
	庶務掛	教員人事の記録、教員の社会貢献の現状、人事関連規則
	会計掛	施設・設備の整備のための予算措置の資料、予算関連規則
	図書掛	図書整備や図書室利用者などに関する数値的資料

(3) 支援体制内での意思疎通の重要性

　自己評価書に必要なデータは、自己評価書の記述や評価の具体的な裏付けに役立つもの、ということになります。ただし、自己評価書の記述がどうなるかにかかわらず、大学に対して標準的・横並び的に期待されているような活動（これまで挙げてきた例では、FDや学生による授業評価）については、評価作業の開始段階からデータ収集を進めることができます。教員数、教員の授業科目担当の現状、施設・設備に関する数値的データなども同様です。これらについては、量的には多いものの、評価作業の最初の段階で、支援体制の構成部分に収集・整理を一度依頼しておけば、それで済むでしょう。

　ところが、現在の評価技術の平均的水準では、とりわけ教育成果に関する「目的・目標」については、「目的・目標」自体が作業の途中で修正されることがありえますし、どのような観点から達成度を浮彫りにするかという点で、試行錯誤が繰り返される可能性が大きいので、必要なデータを作業開始段階で十分に確定しておくことができません。したがって、支援体制の柔軟性を確保するとともに、支援体制の構成部分に対して、新規に次々と必要になっ

てくるデータが評価作業にとって持つ意義などについて、十分な意思疎通を図る必要があります。評価委員長や評価委員が支援体制の構成部分の各責任者と頻繁に連絡をとることが基本ですが、それだけでは不十分です。評価作業の現状や全体像を周知徹底するためにも、評価委員だけではなく、部局長や支援体制の構成員のできるだけ多数が一堂に会する拡大会議を、作業開始時だけでなく、必要に応じて丹念に開催することが望まれます。

(4) 持続的にデータを集積する体制の必要性

　このように意思疎通を図りながら支援体制を臨機応変に動かしていく必要の他に、今後、自己評価や第三者評価が繰り返されることを念頭に置いて、評価の観点設定にかかわらず必要だと考えられる基本的データについては、持続的に集積していく体制を整備する必要があります。こうした体制は、大学全体のものと、部局レベルのものが適切に組み合わされていることが望ましいでしょう。

　たとえば、私の所属する九州大学の場合、全学レベルでは大学評価情報室が設置され、そこで評価情報データベースやデータ入力システムの開発が行われています。このシステムは実用段階に到達しつつあるので、今後は、このような仕組を活用することで部局におけるデータ収集の省力化が期待できるでしょう。とはいえ、現状では、教育評価とりわけ教育成果についての評価に関して言えば、このデータベースからは、学生の成績関連情報は得られません。在学中や卒業後の資格取得など部局の特色と関連するようなデータも同様です。将来的には、事務部門で縦割りに分かれているデータを評価情報として統合する仕組が開発されるかもしれませんが、時間がかかるでしょうし、多様な各部局の必要に完全に応えることには本来的に無理があります。

　したがって、教育現場の観点から部局としてデータを集積する努力は、やはり必要不可欠と言えるでしょう。予算や人員などの制約はもちろんありますが、将来の望ましい支援体制を見据えつつ、まずはリサーチアシスタント（RA）やアルバイトなどを活用して、少しでもデータ集積を始めておくことが必要です。

(5) 部局間および全学的な協力支援体制

　データ収集以外にも、部局間や全学的な協力支援の望まれる分野があります。それは、評価のノウハウに関する情報交換や評価手法開発です。今後、経営トップは、こうした開発に対して、いっそう強力な支援を与える必要があるでしょう。

　部局や全学教育実施組織の間でも、評価のノウハウに関する情報交換を、もっと自発的・積極的に進める必要があります。ただし、ギブ・アンド・テイクを原則にしないと長続きしませんから、先行的な他部局に頼り切るのではなく、自主的なノウハウの開発に努める姿勢が必要なことは言うまでもありません。

(6) 事務部門総体としての協力と関与の必要性

　データ収集に関しては、データベースの改善・充実の面で、いっそうの全学的な支援が必要ですが、これに関連して、事務部門総体としての評価の仕事への協力と関与の必要性についても、若干、言及しておきましょう。

　評価は、大学運営にとって死活的な業務となるわけですから、教育現場で教員が評価に関与することは当然であるとしても、加えて、評価についての専門家・プロと言える職員を養成していくことも不可欠です。法人化後は、事務の合理化と高度化の見地から、事務職員の専門性への要求が学内外で高まっていくでしょうが、評価の専門家たりうる事務職員の養成は、そうした要求に応えるものと言えます。また、事務職員は、教員とともに法人を担い、その存続と発展に共同責任を負うわけですから、その見地からも、教育という、それなくしては大学たりえない事業についての自己評価に、参加意識と当事者意識を持ってもらう必要があります。

　本書は、教育評価についての教員向けの実践的アドバイスを主眼としていますので、事務部門に関する具体的提言は控えますが、少なくとも一般論として、事務部門が現有しているデータを評価に活用する必要性があることと、日常的なデータ集積に関しては教員の努力だけではおのずから限界があり事務職員の協力と関与が不可欠であることだけは指摘しておきたいと思います。これらはいずれも、総体としての事務部門の関与なしでは達成不可能な事柄

です。法人の経営トップのレベルで、ぜひとも検討し、早急に対応すべき点と言えるでしょう。

第4節　評価結果を改善につなげる仕組

　評価結果を改善につなげる仕組は、狭い意味では、評価体制とは別のものと言えるでしょうが、改善を評価の第一義的目的とするのであれば、この仕組を整備し十分に機能させることが不可欠です。そこで、この改善システムについて、これまでの評価経験から、1つの点に絞って指摘しておきたいと思います。

> ポイント13　★評価結果を改善につなげる仕組は、わかりやすく明確なものに。

　大学評価機構の評価だけでなく、その他の第三者評価においても、評価結果を改善につなげる仕組は、当然のことながら必須の評価項目となっています。しかし実際には、たとえば大学評価機構の評価の場合、提出された自己評価書のこの項目に関する記述では不明な点があるとして、訪問調査で再度説明を求められることがあります。

　再度説明が求められる自己評価書の記述とは、仮想例として極端なものを示せば、次のようなものです。

自己点検・評価委員会は評価結果を部局長に報告し、部局長はこれにもとづいて改善策を講じている。また、教授会や教務委員会での自由闊達な意見交換を奨励することで、日常的に改善を促進している。したがって、評価を改善につなげるシステムは機能しており、「目的・目標」の達成に十分貢献していると評価できる。
　【根拠データ】　自己点検・評価委員会規則第〇〇条「自己点検・評価委員会は、評価結果をすみやかに部局長に報告しなければならない。部局長はこの報告にもとづいて必要な改善策を講ずることとする。」

　これでは、部外者にとっては、改善システムの具体的イメージは全然湧き

ませんし、実際の機能状況も判然としません。そこで、機構の訪問調査でこの点の説明が求められるわけですが、その回答が次のようであったとしましょう。

> 第○○回教授会で、教務委員長から提案され教授会で承認された議題(……について)は、自己点検・評価報告書で指摘のあった改善を要する点(……)への対応策であった。

　訪問調査チームがこの回答に納得せず、後で、「当該大学当該学部の改善システムは十分に整備されているとは言えず、改善の必要がある」という評価が出てくるのは必至でしょう。

　大学側がもっと丹念に説明すれば、こうした評価は避けられたのでしょうか。残念ながら、そうは言えません。たしかに、自己評価書の記述を見る限りでは説明不足の可能性もあったので、訪問調査チームは再度の説明を求めたのでしょう。しかし、それに対する大学側の回答は、改善システムの不十分さを推測させるに足るものと判断されてしまったのです。言い換えれば、改善システムが標準的・横並び的に期待されている水準をクリアしているのであれば、このような回答になるはずがない、という判断です。

　この水準をクリアするためには、評価結果を改善につなげる仕組(システム)が、部外者にもわかる可視的な形で設けられていて、そうした仕組が効果的に機能している具体例を説明できることが必要です。たとえば、評価結果に対応する包括的な改善計画(アクションプラン)作成のための委員会が十分機能している必要があります。とはいえ、委員会だらけの現状を考えれば、これ以上委員会を増やしたくないということもあるでしょう。その場合には、たとえば、部局長補佐会議など、部局全体を見渡して企画を行っている部門に、アクションプラン作成の機能を持たせてもよいでしょう。要は、様々な改善課題に五月雨式に対応するのではなく、課題総体をシステマティックに取り上げるシステムを整備する必要がある、ということです。その都度出てくる課題に個別的に対応しても結果として改善されればよいのでは、と思われるかもしれません。しかし、三々五々の個別的対応では、時間がかかった

り課題がうやむやになりがちだという見地から、より積極的な体系的取組が求められているわけです。

　こうした改善システム、たとえば、自己点検・評価委員会 → 部局長補佐会議 → 改善計画を実施する各種委員会、という仕組があれば、評価結果から改善への流れがはっきりします。先の例で示したような自己評価書の記述や訪問調査への回答は、間違っても出てこないはずです。

　さらに、もし、改善のやりっ放しではなく、その効果をあらためて評価する仕組ができていて十分に機能していれば、評価と改善のサイクルが完結することになります。その場合には、堂々と胸を張って、この点について高い自己評価を下すことができるでしょう。

第4章　評価基準の設定

> 第4章のねらい

　この章のねらいは、自己評価作業の出発点となる評価基準の設定に際して、ぜひとも留意しておくべき幾つかのポイントを解説することです。

　ところで、評価基準設定の具体的な作業についての話に先立って、片づけておかなければならない問題が1つあります。

　それは、本マニュアルでは自己評価に取り組む場面として、「法人化に備えて策定されている部局の中期目標・計画は、評価の観点からは、まだ十分に練り上げられていない」と想定していることにかかわります。この想定と並んで、大学評価機構の分野別教育評価の方式に準拠した自己評価を行うことも想定しているわけですが、これは、大学評価機構の分野別教育評価の評価項目設定と中期目標・中期計画の項目立ては、ほぼ同一のコンセプトにもとづいており、両者の間には密接な関係がある、という判断にもとづいています。つまり、中期目標・中期計画の策定は、大学評価機構が試行期間において採用した評価方法の理解と習熟を自明の要件としていると考える必要があるわけです。このことは、大学全体の中期目標・中期計画についてばかりでなく、部局の中期目標・中期計画についても当てはまると見るべきです。さらに、6年の中期目標期間の終了前に行われる評価についても、現在のところ具体的手順は未定であるものの、同様の前提から行われるであろうと予想されます。

　そこで、自己評価の実際の基準設定作業に関するポイントについては、第2節以降で取り上げることとし、まず第1節では、機構の評価と中期目標・中期計画とのこうした関係を裏付けながら、法人化後の中期計画の実施過程の中で行われる自己評価のあり方についてのポイントを提示することにします。

第1節　中期計画と自己評価の基準

> ポイント14 ★中期計画実施についての自己評価の基準は、大学評価機構の評価方式をふまえて設定することが不可欠。

「大学評価機構の評価方式をふまえる」というアドバイスについて、誤解を避けるために、まず一言。これは、機構の従来の評価方式を金科玉条のように扱うべし、という意味ではありません。もちろん、機構の評価方式にも限界や課題はあり、今後、様々な改善が加えられていくでしょう。また、改善のための評価という本書の基本姿勢から言えば、改善に役立つという点では、機構の評価ばかりでなく、他の第三者評価にも参考になる点が幾つもありますし、さらに、大学や部局の個性・特色をふまえて独自の工夫を考えることも当然必要でしょう。

ここで強調したいのは、部局の教育活動をほぼ網羅している機構の評価方式をふまえることは改善のための本格的自己評価として役立つばかりでなく、来るべき国立大学法人評価や認証機関評価への準備も兼ねることができる点で得策だ、ということです。

本題に移ることにしましょう。大学評価機構の分野別教育評価の評価項目設定と中期目標・中期計画の項目立ての親近性は、両者を比較することではっきりします。

まず、2002年(平成14年)着手分の分野別教育評価(人文系)に際して、『実施要項』に提示されていた項目立てを、再度、示しておきましょう。

> ① 教育の実施体制
> ② 教育内容面での取組
> ③ 教育方法
> ④ 教育の達成状況
> ⑤ 学習に対する支援
> ⑥ 教育の質の向上及び改善のためのシステム

次は、2002年(平成14年)3月に出された『グリーンブック』(文部科学省・

調査検討会議最終報告)で、巻末資料として掲載されている「中期目標・中期計画の記載事項例」のうち、教育活動に関する部分です。

> 1) 大学全体としての目標・措置
> 2) 入学者受け入れに関する目標・措置
> 3) 教育体制及び教育支援体制に関する目標・措置
> 4) 教育内容及び教育方法に関する目標・措置
> 5) 教育成果に関する目標・措置
> 6) 学生支援に関する目標・措置
> 7) 教育の質の向上のためのシステムに関する目標・措置
> 8) その他の目標・措置

大学側が作成し文部科学省に提出する中期目標・中期計画は、大学全体としてのものですので、各項目も大学全体としての概略的記述となります。しかし、項目立て自体は、大学評価機構の分野別教育評価の場合とほぼ同様と言ってよいでしょう。国立大学法人評価では、教育と研究については、大学評価機構に評価を委ねることを基本方針としていたわけですから、当然と言えば当然の結果です。

この最終報告を土台に、文部科学省は、2002年(平成14年)12月に、中期目標・中期計画の項目案を未定稿として大学側に示しました。そこでの教育に関する項目立ては、機構の評価項目と対応させて示すと次のようになります。

国立大学法人の中期目標・中期計画	大学評価機構の評価項目
1) 教育成果に関する目標・措置	④ 教育の達成状況
2) 教育内容等に関する目標・措置	② 教育内容面での取組 ③ 教育方法
3) 教育の実施体制等に関する目標・措置	① 教育の実施体制 ⑥ 教育の質の向上及び改善のためのシステム
4) 学生への支援に関する目標・措置	⑤ 学習に対する支援

項目が整理統合されて4つになっていますが、当然のことながら、消滅した

項目について取組が不要になったというわけではありません。たとえば、「教育の質の向上及び改善のためのシステム」は、項目3)の中で言及すべきものと考えるべきです。注目すべき点は、むしろ、「教育成果」の項目がトップに移動したことです。成果を、これまで以上に重視しようとする姿勢の表れと理解できるでしょう。

　以上の比較により、中期目標・中期計画の項目が、大学評価機構の評価項目をふまえて設定されていることがはっきりしたと思います。

　とはいえ、中期目標・中期計画は、大学全体としてのものであるのだから、部局の自己評価には直接関連はないのではないか、という疑問が依然として残るかもしれません。しかし、すでに各部局においても、大学全体としての中期目標・中期計画と合わせて文部科学省に提出する参考資料として、部局ごとの中期目標・中期計画も作成しているはずです。さらに、文部科学省の国立大学法人評価委員会では、少なくとも法人評価に不可欠な点に限っては部局単位の活動・取組も評価対象とする、という方向で検討が進められているようです。つまり、九州大学のような多数の部局で構成される大学では、単科大学の場合とは異なり、全学的な中期目標・中期計画だけでは実質的な評価が難しい、というわけです。とすれば、早ければ法人化後の毎年度事業評価で、遅くとも中期目標期間終了前の国立大学法人評価では、分野別教育評価の従来方式がまるごと踏襲されないまでも、部局レベルの教育上の活動や取組の一定部分について、「目的・目標」に即した評価という機構の評価方式の基本が適用されると考えておくべきです。

　このような予測をふまえると、全学レベルばかりでなく、部局レベルにおいても、中期目標・中期計画の策定に際して、「目的・目標」に即した評価という機構の評価方式の基本が十分に念頭に置かれていたかどうかが、気がかりとなってきます。杞憂と考えたいところですが、しかし実際には、機構の分野別評価を経験した部局は少数に限られていましたし、また、部局の中期目標・中期計画の策定に割ける時間も限られていたため、大半の部局では、評価の観点から十分な検討を行う余裕はなかったように思われます。

　この点に関する今後の対策としては、2つの段階に分けて考えることができるでしょう。第一に、すでに策定されている中期目標・中期計画にあまりこ

だわらずに、機構の評価方式に準拠した評価基準(「目的・目標」)を設定することです。第二に、この作業を前提に、法人化後も制度上可能な限りで、中期目標・中期計画の修正を図ることです。

第一段階の作業を進める際には、中期目標・中期計画と大学評価機構の評価における「目的・目標」との対応関係の理解が必要です。表で示してみましょう。

大学評価機構	国立大学法人
【目的】 教育研究活動を実施する全体的な意図。具体的には、教育研究活動を実施する上での基本的な方針、提供する内容及び方法の基本的な性格、当該活動を通じて達成しようとしている基本的な成果について示す。	【中期目標】 項目ごとについての基本方針
【目標】 「目的」で示された意図を実現するための具体的な課題	【中期目標】 中期目標に掲げた基本方針を実現するための具体的な措置

この表から見て取れるように、「目的」と「中期目標」、「目標」と「中期計画」とがほぼ対応していると考えてよいでしょう。したがって、第一段階の作業は、実質には、中期目標・中期計画の修正案の原型作り、ということになります。

第二段階の作業は、こうした原型にもとづいて、事情が許す限りで中期目標・中期計画を修正することです。修正が、制度的あるいは時間的な制約のためにできない場合でも、「目的・目標」と、従来の中期目標・中期計画との対応関係を図式化しておけば、後々の第三者評価に際して対応が楽になります。いずれの場合にせよ、第一段階の作業が決定的に重要ということになります。

言うまでもなく、第一段階に割り当てた「目的・目標」という評価基準の設定作業は、中期目標・中期計画の修正に役立つばかりではありません。第2章で示したように、目的や目標の見地から様々な活動・取組を評価するというコンセプトは、いずれの第三者評価にも共通しており、現在の大学評価の

主潮流となっています。そうした手法を自己評価に取り入れることは、現在の自己評価の一般的水準から考えても、改善を目的とする自己評価のレベルアップに役立つと言えるでしょう。そこで、この利点も重視しつつ、「目的・目標」を評価の基準とするコンセプトを自己評価でも採用するという方針を前提に、次節以降で、そうした評価基準の設定方法について具体的に示していくことにします。

第2節　評価基準設定手順の概要

　評価基準の設定は、評価作業全体の成否を決定的に左右する分水嶺と言えるでしょう。評価基準の設定が、具体性・明確性・系統性の点でうまくいかないと、自己評価書の記述は焦点がはっきりしなくなって散漫になり、教育の実態に関する第三者の理解も得にくくなります。また、焦点が定まらない不安から防衛機制が過剰に働くために、概して記述が現状賛美に流れてしまい、どのような具体的改善が必要とされる現状なのかという次元に踏み込めません。要するに、社会への説明責任を果たしつつ自己改善につなげるという、評価の主要目的が、十分に達成されないことになってしまうわけです。

　こうした事態を避けるためには、評価基準の設定を、適切な手順を踏んで進めていく必要があります。そこで、まず、次のポイントを掲げておきましょう。

> ポイント15　★　評価基準の設定は、具体的なところから始める。

　ここでは、大学評価機構の従来の評価方式に準拠することを想定していますから、評価基準は「目的」と「目標」ということになります。前節で示したように、「目的」は教育上の様々な活動や取組の基本方針であり、「目標」はそうした基本指針を実現するための具体的な課題や取組ということになります。

　大学の個性・特色をふまえ、きちんとした理念を持って教育を進めるという大義からすると、「目的」の設定を先行させるべきだ、と思えるかもしれま

せん。もちろん、この大義は真剣に受け止めるべきです。理念を「きれいごと」として軽んずるべきではありません。とはいえ、真面目な自己評価は、理念があくまでも具体的な形で実現されているかどうかを中心に展開されねばなりません。その場合に評価基準として実質的に機能するのは、抽象的一般的な性格の強い「目的」ではなく、具体的な課題や取組を示している「目標」の方になります。また、「目的・目標」の設定に際して、抽象的な次元から具体的方策へと下降していくと、地味で基本的なものが、本当は理念実現に不可欠であるにもかかわらず、軽視されたり見落とされたりする傾向も出てきます。

　このように考えると、評価を改善につなげるという趣旨からしても、また、実際の作業を能率的に進めるという実務的観点からしても、① まずは具体的な課題や取組を把握し、② それらと理念との対応を確認した上で不足するものを理念の中に追加していく、という手順をとる方が得策です。この手順自体が理念軽視を誘導するという懸念は不要です。むしろ、この手順に耐えられない理念には、実現可能性という点で問題があると考えるべきです。

　以上の見地から言って、評価基準となる「目的・目標」の設定においては、具体的な取組を念頭に置きながら、「目標」の候補となるものを同定する作業を優先すべきだ、ということになります。この作業をきちんとしておけば、当然のことながら、「目標」は明確で具体的なものになり、評価基準として十分機能することになります。また、そのような「目標」を一般的に概括する地位にある「目的」の明確性や具体性を高めることにも役立つでしょう。

　以上の点をふまえて、「目標」・「目的」の設定における作業手順の流れ全体について、概略を示しておきましょう

手順1：「横並び的」性格の「目標」の候補同定

⇩

手順2：成果に力点を置いた「目的」と「目標」の設定

⇩

手順3：「目的・目標」全般の確定

第3節　各手順における作業の内容と方法

(1)　作業手順1：「目標」の候補の同定

まず、作業手順1に関する3つのポイントをまとめて示すことにします。

> ポイント16 ★まず最初は、「横並び的」基準から見て必要な取組に注目。
> ポイント17 ★各取組を、教育の入口から出口までの流れに位置づける。
> ポイント18 ★組み合わせて、全体を見渡してみよう。

それぞれのポイントについて、順次、説明していくことにしましょう。

> ポイント16 ★まず最初は、「横並び的」基準から見て必要な取組に注目。

個性の発揮はもう少し後で

「横並び的」基準などと言うと、「大学や部局の個性を無視した画一的な評価やランク付けになってしまうのではないか」、「評価が予算配分に直結することになりはしないか」、「大学評価機構による評価では、それぞれの大学の個性をふまえることを趣旨としていたのではなかったか」といった疑念が生じるかもしれません。

しかし、ここで「横並び的」基準と呼んでいるものは、教育の実質的内容に踏み込むような画一的基準を意味するわけではありません。「横並び的」基準ということで意味しようとしているのは、実施が望ましい、いやそれどころか当然だ、と社会的に想定され期待されている教育上の活動や取組（これまでの例を繰り返せば、FDや学生による授業評価）に注目する視点からの基準、ということです。

すでに本マニュアルの第2章で触れたように、各種の第三者評価には、こうした「横並び的」基準による評価の要素が含まれていますし、認証機関評

価となれば、この傾向はさらに強まるでしょう。つまり、大学としての基本的諸条件が満たされていることをきちんと認証し、大学教育の質を保証しようとする方向に向かっているのです。したがって、大学の個性をふまえた第三者評価とは、あくまでも、そうした基本的諸条件が満たされていることを前提として、その基盤に拠りながら個性化のための特色ある具体的施策が効果的に行われているかどうかを評価することになります。大学の個性や特色を強調するために華々しいスローガンや美辞麗句を連ねても、そのような厚化粧自体によって大学の個性や特色が高く評価されることはまずない、と考えるべきです。このことは、第三者評価への準備を兼ねた自己評価において、十分に考慮に入れるべき点です。

　また、作業の円滑で迅速な進行を確保するという実務的な観点からしても、まず最初は、どの大学にも期待されている基本的な条件や取組を同定することが、脇道に迷い込まずに作業を進めるための手堅い方針です。このように作業を進めても、大学や部局にしっかりした個性があり、さらに、いっそうの個性化への強い志があるならば、後に示す作業手順2の段階で、それらを十分に活かすことができます。

「横並び的」基準の収集法

　日本におけるすべての大学が充足しなければならない最低限の諸条件を定めたものとしては、大学設置基準があります。「基準を満たしているという判断で設置認可されているのだから問題はないだろう」などと、必ずしも安心できるわけではありません。実際には、よく調べてみると、度重なる改組や学生定員増などのために、教室や図書館といった施設が設置基準からすると狭隘になっていることがあります。とはいえ、これらの条件を充足することは、自己評価にもとづく改善として行うべき事柄というよりも、むしろ、それ以前の課題と考えるべきでしょう。

　「目標」の候補を同定する際に考慮に入れるべきなのは、各種の第三者評価において、いわば「デ・ファクトな基準」になってきているものです。繰り返し例としてあげてきた教員研修（FD）や、学生による授業評価などは、現

在では、どの大学でもある程度実施していることが当然視されていると言えます。第三者評価機関に提出する自己評価書において、大学の個性を理由にしてこれらに一切言及せずに済ませることはできないでしょう。

　こうしたデ・ファクトな「横並び的」基準としては、大学基準協会が設定している評価項目、大学評価機構の『実施要項』で示された観点例、『グリーンブック』に記載されている国立大学法人の中期計画記載例、機構の認証機関評価基準(案)が参考になります。これらは本書の巻末資料として付していますので、参照してください。それらにおいて取り上げられている項目の大半は、どのような大学でも何らかの配慮をすべきものと言えそうです。

　ちなみに、こうしたリストアップの作業には、自信確保・不安解消という二次的効果も期待できます。最初に、平凡なチェック項目を集積する作業に取り組むと、たいていの場合は(つまり、よほどひどい大学や部局でない限り)、多くの項目について、自分たちはある程度きちんとやっているという自信が持てるはずです。この最低ラインをふまえた上で、そこからどれだけレ

練習問題1

次の表(機構による観点例示の一部・学部教育)から、自分の関係する学部教育全般を念頭に、部局の個性・特色とほとんど関連を持たない「横並び的」基準に対応する取組を◎、やや関連のある取組を○、関連の強い取組を●というように、分類してみましょう。

教育方法	○ 講義、演習、少人数教育など、各種授業形態のバランス ○ 学生の理解度を高めるための教材の活用や講義方法等の工夫 ○ 教室外での準備学習・復習などについて指示を与えるなど自主学習への配慮 ○ 学生の学習到達の適切な把握と活用 ○ 基礎学力が不足している学生に対する履修上の配慮 ○ 演習等の実施における配慮(実施時期・時間数、講義との関連) ○ 専門教育に関連した情報機器の活用
成績評価法	○ 成績評価の基準の設定 ○ 採点の一貫性及び厳格性

ベルを上げた課題に取り組むべきであり取り組むことができるか、と考えていけば、評価基準のレベル設定について見当がつかず戸惑うということは避けられるでしょう。

ポイント17 ★各取組を、教育の入口から出口までの流れに位置づける。

成果型基準設定の難しさへの対応

教育に関する評価については、「教育の成果は必ずしも目に見える形では表われないから、評価は不可能なのではないか」ということがしばしば言われます。とはいえ、もはやこのことを理由に評価の先送りが許されるような状況ではないこと、それほどまでに大学評価に対する社会的要求が高まっていることは、すでに第Ⅰ部・導入篇で示したとおりです。

そうは言っても、やはり、教育の成果を測定したり評価することが容易でないのも事実です。資格の取得や能力検定の成果などによって、ある程度は量的に測れる場合もあるでしょうが、しかし大半の場合、定量的評価は不可能です。

けれども、工夫の余地は残されています。判断や評価に誤りや主観的歪みがありうることに慎重な配慮が求められるにせよ、合理的な推測によって蓋然的判断を下すことが必要かつ可能な場合は少なくありません。実際、人間は日常生活を送る上で、定量的な測定ができない事柄についても、必要に迫られて、ある程度は精確に評価し判断を下しているのです。

良い成果を推測させる取組の積み重ね

教育評価の場合でも、同じことが言えます。教育のプロセスを入口から出口までたどってみましょう。たとえば、次のようなX大学Y学部の取組があるとします。そこでは、「入口」段階に関しては、学生受入の方針がはっきりしていて、つねにその見地から入試方法の改善が試みられています。人材育成の方針も明確で、それにもとづいて、カリキュラムが組まれ、個々の授

業の獲得目標や成績評価の方法が設定されています。授業に対する学生の満足度の把握に努め、授業方法に対する学生の要望に積極的に応えようとしています。教育上の改善すべき点を把握し改善につなげるシステムが作られ機能しています。「出口」段階を見ると、資格取得や卒業後の進路も充実しています。

　このような大学でも、「教育の成果は必ずしも目に見える形では表れない」という見方を厳格に適用するならば、本当に教育の成果をあげていると無条件的に即断することはできないでしょう。けれども、「少なくとも、こうした配慮や努力を行っていない場合よりも、教育成果は高いだろう」と推測することは、けっして不合理ではありません。大学に対する評価や改善に関する社会的要求の大半は、こうした推測を可能とするような改善や、そのような改善を促進する評価によって、かなりの程度満たすことができるはずです。

　実際、「横並び的」基準を満たすだけの平凡な取組でも、上のX大学Y学部の例のように、丹念に積み重ねられ系統化されていると、かなり良好な教育成果を推測させ期待させるものとなるでしょう。ただし、一言付け加えるならば、この方策だけに頼り、成果型の評価基準(「目的・目標」)を一切無しで済ませるわけにもいきません。これについては、作業手順2のところで取り上げることにしましょう。

　「横並び的」取組の積上げをこのように説いている最中にも、「大学の個性はどうなるのだ」という、待ちきれない声が聞こえてきそうです。でも、もう少し辛抱です。

　まずは、次頁の練習問題に取り組んでみてください。ここでの表には、作業手順2で取り上げる教育の達成度(成果)は含まれていませんが、「入口」から「出口」の手前までが並んでいます。上から下へと順次見ていくと、成果につながる常識的で基本的な取組がきちんとできているかどうかが、歴然としてくるはずです。こうした取組を大事にするだけでも、教育に対する真剣さの度合という点で、大学や学部の「個性・特色」になるのでは、とすら言えそうです。

練習問題2

先のポイント16に即してリストアップした「横並び的」基準に対応する取組を、次の5項目に分類整理してみましょう。

① 教育の実施体制	学生受入方針、教員配置、学習目標の明示など
② 教育内容面での取組	カリキュラムやシラバスに関する一般方針など
③ 教育方法及び成績評価面での取組	教育方法や成績評価に関する配慮、施設の整備や利用方法における工夫など
④ 学習に対する支援	履習指導やガイダンス、学習相談など
⑤ 教育の質の向上及び改善のためのシステム	評価体制の整備と機能状況

ポイント18 ★組み合わせて、全体を見渡してみよう。

大学評価機構の項目設定を例題として

　練習問題2で掲げた5項目は、すでにお分かりのように、大学評価機構の教育評価の評価項目のうち、「教育の達成状況」を除いたものです。この項目区分は、境界的事例でどの項目に入れたらよいのか迷うこともありますが、全般的には、なかなか良くできた区分だと言えるでしょう。そこで、この区分を前提として、手順1の作業の仕上げとして、全体を見渡してみることにしましょう。

　さて、上の練習問題2の要領で、横並び的に期待されているような取組を5項目に分類した表ができたと想定してみましょう。

　表の全体をながめながら、各取組の意図や効果の整合性、具体性のばらつきなどについて、チェックしてみてください。

> 1) 項目間で、取組の数に著しいばらつきはないか？
>   数を無理にそろえる必要はないが、ばらつきが大きいときには、取組に偏りがある可能性も考えられる。学習支援や改善システムの項目数が少ない例が多い。
> 2) 項目間で、また、同一項目内で、相互に矛盾する取組はないか？
>   例) ①の項目における少人数教育の拡充という教育実施体制に関する取組、①の教員配置、②のカリキュラム編成という三者間での不整合。
> 3) 項目間や同一項目内で、取組の具体性にばらつきはないか？
>   複数の担当者で作業をしていると、起こりがち。
> 4) 項目間で、密接に連動する関係にあるような取組が適切に記述されているか？
>   例) ①で学習目標の明示が掲げられているのに、②のシラバスに関する一般的指針に、学習目標と個々の授業目標との関連の提示が含まれていない。

(2) 作業手順 2： 成果を中軸とした「目的」と「目標」の設定

> ポイント 19 ★「目的・目標」は成果を中軸に設定する。

　これまでは、標準的とも言える取組のリストアップという具体的次元の作業でしたが、足下はだいぶ固まったので、次は「目的」という対極へと一挙に飛躍することにしましょう。いよいよ、個性と特色を発揮する段階ということになりますが、作業の点では、同時に、最大の難所であるとも言えます。

「目的・目標」は、評価項目に合わせるのが基本

　大学評価機構の『実施要項』では、「目的・目標」の設定に際して、4つの視点から考慮するよう求めています。そのうち、次に示す2つは、形式的要件にかかわるものです。

(1) 目的と目標の対応関係	「目的」 学生受入の基本方針、教育の内容や方法の基本的性格、めざしている教育成果(養成しようとしている人材像)、学習支援の基本方針 「目標」 目的の項目に対応した具体的課題
(2) 評価項目との対応関係	「目的・目標」は、評価項目内の各要素との関連を意識したものであること

(1)の「目的」と「目標」の定義は、すでに説明済みです。ここで注目する必要があるのは、むしろ、右側の欄における「目的」の例示に関してです。

この例示は、すべての評価項目について、何らかの形で「目的・目標」を設定する必要があることを示唆しています。大学全体としての教育理念(たとえば九州大学教育憲章)や各部局が独自に設定している教育理念・教育目標は、教育の内容と成果に関する基本的指針という性格が強いので、教員配置や改善システムなどについてまで「目的・目標」が求められていることは、少し戸惑う点です。また、アウトカム評価に徹する発想からしても、究極目標は、教育の場合であれば、教育成果に限定されるはずですが、機構の評価の場合は、成果の達成手段という性格を持つ種々の取組についても、「目的・目標」の設定を要求しているわけです。

とはいえ、機構の評価方式でも、基本はやはりアウトカム評価ですから、手段的取組にかかわる「目的・目標」(次の図の左側)は、つねに「教育成果」という究極の「目的・目標」に貢献する位置にあることを意識して設定する必要があります。

教育の実施体制 教育内容面での取組 教育方法及び成績評価面での取組 学習に対する支援 教育の質の向上及び改善のためのシステム	⇒	教育成果

次に、(2)についてです。「教育の実施体制」という評価項目を例として、説明することにしましょう。下の表は、この評価項目と、それに関連する「要素」や「観点」を示しています。

評価項目(必須)	要　素(必須)	観　点　例(任意に設定)
教育の実施体制	① 教育実施組織の整備に関する取組状況	A. 学科・専攻の構成 B. 教員組織の構成
	② 教育目的及び目標の趣旨の周知及び公表に関する取組状況	A. 学生、教職員に対する周知の方法とそれらの効果 B. 学外者に対する公表の方法とそれらの効果
	③ 学生受入方針に関する取組状況	A. 学生受入方針の明確な策定 B. 学生受入方針の学内外への周知・公表 C. 学生受入方針に従った学生受入方策

「目的・目標は、評価項目内の各要素との関連を意識したものであること」と念押しされていますので、複数の評価項目間にまたがるような「目的・目標」の設定は、機構の評価への対応を念頭に置く限り、避けた方が無難です。

もちろん、大学全体および部局の既存の教育理念や教育方針をすべて白紙に戻し、機構の評価項目の形式に合わせて作り直さなければならない、という義理はありません。とはいえ、この点で意地を通すにしても、やはり機構の評価方式に準じた自己評価を進める際には、教育の内容や成果に関する独自の基本指針を、評価項目と関連性を持つ「目的・目標」へと翻訳し、また、成果の達成手段となる「教育の実施体制」等々の取組に関する「目的・目標」を追加する作業が必要となるわけです。

自他を見据えた「目的・目標」の設定

機構の『実施要項』が、「目的・目標」の設定に際してふまえるよう求めている残り2つの視点は、次のようになります。

(3) 内的諸条件	設置の趣旨、歴史や伝統、規模や資源などの人的・物的条件、地理的条件、将来計画
(4) 社会的要請	応えようとしている学問的・社会的ニーズ、国際的視点、地域社会における役割、大学改革の方向性、国内外の大学の動向

　これら2つの視点からの考慮は、いずれの評価項目に関連する「目的・目標」でも必要でしょうが、とりわけ、教育成果に関する「目的・目標」の設定に際して十分に配慮することが必要です。これまで見てきたように、「目的・目標」の設定については、形式面での制約がいろいろありましたけれども、これら2つの観点から内容面で大学・部局の個性や特色を発揮する余地は十分に残されているわけです。ただし、(3)と(4)のいずれにも、大学の側の都合で自由に左右することのできない制約条件も含まれていますので、そうした制約を個性や特色に転換させる独創的努力が必要になることは言うまでもありません。

　また、個性や特色といっても、思い込みは危険です。できるだけ客観的データを集めて考えてみることが必要です。たとえば小さな例ですが、九州大学の場合、学生全体で九州内(とりわけ福岡県内)の出身者が占める割合は、学部ごとでかなりのばらつきがありそうにも思えますが、実際には差はあまり大きくありません。また、学生に九州出身者が多いという印象から、就職先も九州内にほぼ限られると言えるかというと、実際には、かなりの比率の卒業生が全国に展開しています。こうしたデータは、学生受入方針や就職指導方針ばかりでなく、教育成果に関する「目的・目標」の設定にも何らかの影響を与える可能性があります。

成果に関する「目的・目標」の設定

　難所にさしかかってきましたが、ひるまずに前進することにしましょう。まず、成果に関する「目的」についてです。

　大学評価機構の評価が始まった頃、「機構は目的・目標を明確かつ具体的にと要求しているが、明確かつ具体的という要件についての明確かつ具体的な説明がない」という困惑の声が、大学の評価関係者の間でよく聞かれました。

無理もない困惑ですけれども、大学の自主性尊重という制約に縛られている機構に詳細な説明を期待しても無駄であり、やはり自力で考えるしかありません。

　手がかりは、評価のための「目的」設定だという点にあります。たとえば、「高水準の知識・能力を育成する」という成果に関する「目的」が設定されているとしましょう。この「目的」では、何を「高水準」と考えているのか、また、どのような方向性で「育成」しようとしているのか、判然としません。「明確かつ具体的でない」ということになるわけです。「目標」の場合ほど詳細さは必要ありませんが、たとえば、少人数教育体制を特色としている学部であることを念頭に置きながら、「Xに関連する技術開発の分野で世界をリードする人材として不可欠な能力を育成する」という目的を設定している場合であれば、それに即して設定された「目標」を具体的な基準として、成果の達成度を評価できるでしょう。また、このような成果型の「目的」があれば、成果以外の手段的取組についての「目的・目標」においても、たとえば、「教育実施体制」との関連で「少人数教育体制のいっそうの拡充を図る」という基本方針や、そのための具体策を掲げることによって、関連性を持たせやすくなります。

　「目的」設定のもう1つの難しさは、次の2つの要件に関する考慮の板ばさみとなる点にあるように思われます。つまり、① 高等教育機関としての長期的視点から見た使命や個々の大学・部局の理念をふまえつつ、② 部局が担当する教育分野における具体的課題や社会的ニーズへの対応との関連を持たせなければならない、ということです。②が欠ければ「目的」の明確性・具体性が確保できませんし、①への配慮がなければ中長期的展望を欠いたその場しのぎの性格が強くなってしまいます。

　これに対応するために、次のようなポートフォリオを作ってみるのも一案だと思われます。九州大学を例にすると、九州大学教育憲章の第3条〜第6条に掲げられた4原則(人間性の育成、社会性の育成、国際性の育成、専門性の育成)が、教育の基本理念となっています。これらを横の列に並べます。他方、部局レベルで必要と考えられる成果に関する「目的」が3つあると仮定して、これらを縦の列に並べます。それぞれの目的について、4原則と密接

	人間性	社会性	国際性	専門性
成果型目的・1	◎	○		
成果型目的・2	○	◎	◎	
成果型目的・3		○		◎

に関連する場合は◎、ある程度の関連がある場合は○をつけます。

　たとえば、縦の列に必ず最低限1つの◎があり、横の列の◎と○の合計数が3つを超えない、という制約をつけてみましょう。その場合、「目的」は教育憲章に盛り込まれた4原則の少なくともどれか1つとは密接に関連し、しかも、全部に関連するような八方美人的なものではなく、より特定されていることになります。こうした条件を満たすように各「目的」を作り直したり修正することで、大学全体の使命や理念と、部局固有の成果型「目的」との調整が促進できるでしょう。

　次に、成果型「目的」に対応する「目標」に移ることにします。最初の手がかりとなるのは、評価項目の「教育の達成状況」に関して機構が指定している「要素」と、例示されている「観点」です。これをまとめると、次のような表になります。

評価項目	要　素	観　点　例(学部の場合)
教育の達成状況	① 学生が身につけた学力や育成された資質・能力の状況から判断した達成状況	A. 単位取得、進級、卒業、資格取得などの各段階の状況からの判断 ○ 知識や解釈技法の修得面 ○ 課題探求能力の形成面 ○ 課題解決能力の形成面 ○ 実務遂行能力の形成面 B. 学生の授業評価結果等から見ての判断
	② 進学や卒業後の進路の状況から判断した達成状況	A. 進学や就職などの卒業後の進路の状況からの判断

　この表からは、教育成果に関する目標が、卒業までの段階での成果(要素①)と、卒業後に関連する成果(要素②)の両方を含んでいる必要がある、ということがわかります。

さらに、それぞれの要素について考えてみましょう。まず、要素①について。これに関連する「目標」にどの程度の具体性を持たせるかは、部局で行われる教育の内容や性格に左右されるでしょう。技術者教育の性格が強い部局の場合は、第2章で紹介したJABEEの評価における教育・学習目標の設定方式が参考になります。参考になるどころか、機構の評価方式をより緻密にしたものという性格がありますので、必要な追加修正は行うという留保付きで、まるごと準拠してしまった方が楽かもしれません。数値目標の設定にまで踏み込むかどうかは判断の分かれるところでしょうが、仮に数値目標を設定しようとするのであれば、厳密に組み立てられている教育プログラム全体の修了率(卒業率)が成果(アウトカム)をかなりの程度表現していますので、その点での向上に関する数値目標(たとえば、「卒業率について△%の向上を図る」)だけでも、かなりの説得力を持つでしょう。

　文系の場合は、ゼミや研究室の雰囲気とか先輩学生から後輩学生への部局文化の伝授など、いわば「暗黙知の次元」が人間形成や勉学姿勢にかかわっている点が強調され、成績評価などの可視的な結果を達成度の指標とすることに対しては、いささか消極的な傾向があるように見受けられます。そうした不可視の次元が重要であることは、もちろん否定できません。しかし、同様の不可視の次元は、理系教育にも当然存在しています。それを強化するための教員側の意識的努力(自主ゼミなどの課外活動の積極的支援、等々)は、文系理系を問わず可視的に示すことができるはずです。また、成績評価は授業という大学の「主力商品」と不可分なものですから、かつての牧歌的時代ならいざしらず、現在では、やはり自分たちの授業の質を表現するものとして大事に扱う必要があるでしょう。そのように考えるのであれば、JABEE方式にまるごと準拠しないまでも、それを参考にした工夫はありえます。たとえば、①学生の知識・能力に関する成果型「目的」とカリキュラム総体との関連づけ、②成果型「目的」と各授業の目標との関連づけ、③成績評価の厳格化と標準化、という3つの取組が進められているとしましょう。その場合、これらを前提として、数値までは示さないとしても、これらの3つの取組を始める以前の卒業率を、取組開始後も「維持し向上を図る」、といった成果型「目標」を設定できるのではないでしょうか。授業評価の結果も、成果型「目

標」の材料、あるいは少なくとも成果を表現する指標として活用する余地がありそうです。これについては、第5章の根拠データのところで取り上げることにしましょう。

　次に、要素②について。これに関連する「目標」の場合も、どの程度の具体性を持たせるかは、部局で行われる教育の内容や性格に左右されるでしょう。国家試験の合格率、資格の取得率、法科大学院などの専門職大学院への進学率など、数値目標として掲げることができる場合もあれば、そうでない場合もあるでしょう。もちろん、後者の場合でも、実際の就職状況のデータを収集して、教育成果を表現できるような傾向があるかどうかを分析してみることは必要です。とはいえ、官公庁とか特定分野の企業への就職率を「目標」として設定することは、部局にもよるでしょうが、一般的にはあまり意味があるようには思えません。進路の観点からの教育成果に関する「目標」については、開拓の余地がまだ大きく残されていると言えるでしょう。機構の分野別評価では、卒業生アンケートや就職先の企業へのアンケート結果を、定性的な達成度を評価する際の根拠データとして重視しているようです。これは、成果型「目標」を作る際にも参考にはなるでしょうが、「アンケート回答における満足度を△％向上させる」というような形で、「目標」そのものとして取り入れることは難しいように思われます。

練習問題3

成果型「目的」の一部として、「○△分野の研究開発において指導的立場で活躍する人材を育成する」が掲げられているとします。部局の教育分野に応じて「○△」の内容を充当した上で、この目的の達成にとくに必要と考えられる具体的取組を、次の表の空欄に入れてみましょう。

① 教育の実施体制	
② 教育内容面での取組	
③ 教育方法及び成績評価面での取組	
④ 学習に対する支援	
⑤ 教育の質の向上及び改善のためのシステム	

さて、以上のようにして、教育成果に関する「目的・目標」がひとまず設定できたとしましょう。この作業を進める中で、成果を確保するための手段となる取組や基本方針についても、同時並行的に、いろいろなアイデアが生まれてきていることでしょう。具体的な取組であれば、教育の実施体制、教育内容面での取組、教育方法及び成績評価面での取組、学習に対する支援、教育の質の向上及び改善のためのシステムのいずれかの項目リストに入れておきましょう。次の手順3の段階で、必要に応じて「目標」として確定したり、その一部に組み込むことになります。取組の基本方針についても同様の扱いとします。ただし、取組も基本方針も、手順3の段階で柔軟に調整できるよう、暫定的なものと受け止めておくことが必要です。

(3) 作業手順3：「目的・目標」全般の確定

ようやく、評価基準となる「目的・目標」設定作業の最終段階にたどりつきました。難所である作業手順2を乗り越えましたので、後はだいぶ楽です。

まず、作業手順1と作業手順2で得られた「部品」を確認しておきましょう。作業手順1では、教育の改善や質の向上のために横並び的に求められていると考えられる具体的な取組を、「目標」の候補として、教育成果以外の評価項目に分類しながらリストアップしておきました。作業手順2では、教育成果に関する「目的」と「目標」をひとまず設定するとともに、他の評価項目に関して「目的・目標」になりそうなものについても、暫定的にリストアップして項目別に分類しておきました。作業手順3は、これらの「部品」を組み合わせ調整する作業ということになります。

まずは「部品」を表にはめ込む

まず最初は、次の表にそれぞれの「部品」をはめ込むことから始まります。成果型の「目的・目標」以外の「目的・目標」は、成果型の「目的・目標」の達成手段という位置づけになるので、ここでは作業をやりやすくするために、成果型の「目的・目標」をトップに置くことにしましょう。結果的には、国立大学法人の中期目標・中期計画の書式に近づくことになります。

第4章 評価基準の設定　*81*

評価項目	要　素	目　的	目　標	具体的取組
教育の達成状況	① 学生が身につけた学力や育成された資質・能力の状況から判断した達成状況 ② 進学や卒業後の進路の状況から判断した達成状況	作業手順2で設定		作業手順2で列挙
教育の実施体制	① 教育実施組織の整備に関する取組状況 ② 教育目的及び目標の趣旨の周知及び公表に関する取組状況 ③ 学生受入方針に関する取組状況			作業手順1で列挙 作業手順2で列挙
教育内容面での取組	① 教育課程の編成に関する取組状況 ② 授業の構成や内容に関する取組状況 ③ 施設・設備の整備に関する取組状況			作業手順1で列挙 作業手順2で列挙
教育方法及び成績評価面での取組	① 授業形態、学習指導方法等の教育方法に関する取組状況 ② 成績評価法に関する取組状況 ③ 施設・設備の活用に関する取組状況			作業手順1で列挙 作業手順2で列挙
学習に対する支援	① 学習に対する支援体制の整備・活用に関する取組状況 ② 学習環境(施設・設備)の整備・活用に関する取組状況			作業手順1で列挙 作業手順2で列挙
教育の質の向上及び改善のためのシステム	① 組織としての教育活動及び個々の教員の教育活動を評価する体制 ② 評価結果を教育の質の向上及び改善に結びつけるシステムの整備及び機能状況			作業手順1で列挙 作業手順2で列挙

具体的取組の整理

次に、「具体的取組」の欄に注目します。以下の順序で整理しましょう。

(1) それぞれの具体的取組が左側の要素に対応しているかどうかをチェックし、対応していない場合は、対応させるようにします。
(2) それぞれの取組の具体性は、このように寄せ集めてみると、ばらつきがある場合があります。後で一般性を高める調整が必要になるかもしれませんが、まずは、できるだけ具体性が強くなる方向でそろえてみましょう。
(3) 作業手順2でリストアップした取組は、成果型の「目的・目標」の実現手段であることを意識して考えられているはずですが、場合によっては、作業手順1でリストアップした横並び的取組で十分なこともあるでしょう。その場合には、1つに統合しましょう。統合できるものがかなりあるはずです（横並び的取組でも、個性や特色のある成果をもたらす手段となりうる場合が多い、ということです）。

以上の作業で、「具体的取組」の欄には、かなり具体的な取組が並んだことになります。場合によっては、総花的という印象すら与えるかもしれませんが、さらに整理と調整を重ねていく中で解消が期待できますので、今は気にする必要はありません。また、これらの具体的取組は、後に自己評価を下す際には、評価の具体的対象となる取組であり、根拠データの手がかりともなりますから、この欄は消さずに残しておきます。

具体的取組を整理統合したものを「目標」欄に書き込む

「具体的取組」の欄には、上の(3)での整理統合で減少したものの、まだ、かなりの数の取組が残っているはずです。これをすべて左側の「目標」の欄に移すと、「目標」が多くなりすぎてしまいます。取組の具体性が大幅に失われない限りで、統合することにしましょう。ただし、この統合は暫定的なものです。「目的」を確定した後で、1つの「目的」に3つ～4つを目安に再度調整することにします。

「目的」欄への書き込み

　次は、「教育の実施体制」以下の評価項目に対応する「目的」の書き込みです。書き込みに際しては、次の3つの点に配慮します。
(1)　左側の「要素」に対応するものであること。ただし、「要素」と「目的」をつねに一対一対応にする必要はない。「目的」の数が全体として多くなりすぎないようにすることが望ましいので、幾つかの「要素」に関する基本指針を1つの「目的」にまとめてもよい。ただし、その場合は、複雑で長い文章にならないよう配慮する。
(2)　「目的」は、同じ評価項目に属する右側の欄の幾つかの「目標」を概括し、それらの基本的指針を表現するものとする。
(3)　成果型の「目的・目標」を達成する手段的取組に関する基本的指針であるという性格を十分に意識し、必要に応じて表現にも反映させる。

最終調整

　機構の評価では、自己評価書における「目的・目標」の記述に対して厳しい字数制限があったので、「目的・目標」の数をかなり抑える必要がありました。しかし、とくに「目的」の場合は、数を減らせば減らすほど、具体性や明確性が極度に低下せざるをえませんので、頭の痛いところです。

　第三者評価を予定しない自己評価であれば、「目的・目標」の数を無理に制限しなくてもよいのですが、中期目標・中期計画の修正へ反映させる必要を考えると、やはり、控えめにしておく方がよいでしょう。また、部局構成員への周知徹底という面でも、とくに、「目的」の数があまり多すぎない方が好都合です。これらの見地からすると、「目的」の数は多くても10を超えないこと(成果型目的は3〜4、その他は1)が望ましいように思われます。また、「目標」についても、1つの「目的」に対して3つ〜4つ程度に絞り込むのが望ましいでしょう。

　このように絞り込むと、「目的・目標」の具体性が低下せざるをえないことはたしかです。しかし、これまでの作業手順を踏んで設定に到達した「目的・

目標」は、たんなる思いつきで並べたものとは、質的に全く異なっています。つまり、いつでも「具体的取組」の欄にある具体的取組に立ち戻ることのできる密度の高さがあるわけです。したがって、「目的・目標」に即して自己評価を下す際には、個々の具体的取組の達成度を示すデータを見れば、迷うことなく評価できることになります。対照的に、たんなる思いつきで設定された「目的・目標」の場合は、実際に自己評価を下す段階で、具体的な取組やその成果を示す根拠データのイメージが湧かず、作業が行き詰まったり、混乱や不整合に陥ることになりがちです。

「目的・目標」の数を絞り込んだら、最終チェックです。「目的」の欄を縦に通してながめてみて、具体性や明確性の点で、表現にばらつきがないかを確認し、必要に応じて修正を加えます。また、成果型「目的」以外の「目的」が、相互に整合し、系統的に成果型「目的」につながっていくよう、必要に応じて修正します。「目標」についても同様の処理を行います。最後に、評価項目ごとに、横に通してながめてみて、整合性を確認し必要な修正を加えます。

これで、評価基準となる「目的・目標」は、ほぼ完成です。「ほぼ」と言うのは、次章で取り上げる根拠データとの関係で、もしかすると、微修正や微調整が必要になる場合がありうるからです。

ちなみに、「目的・目標」を部局版の「中期目標・中期計画」に変換する作業は、難しくはありません。下の表に示した対応関係を念頭に置けば、すぐにできるでしょう。ただし、その際、中期計画の具体性を確保するために、年次計画や取組の工程表を作成するなどして、取組の実施年次や段階的展開に十分に配慮することが必要です。

国立大学法人の中期目標・中期計画	大学評価機構の評価項目
1) 教育成果に関する目標・措置	④ 教育の達成状況
2) 教育内容等に関する目標・措置	② 教育内容面での取組 ③ 教育方法
3) 教育の実施体制等に関する目標・措置	① 教育の実施体制 ⑥ 教育の質の向上及び改善のためのシステム
4) 学生への支援に関する目標・措置	⑤ 学習に対する支援

第5章　自己評価書における根拠データ

> 第5章のねらい

　大学基準協会の加盟判定審査に際して申請校から提出される自己評価書は、場合によっては1000頁近くに及ぶこともあり、基準協会から判定委員に送られてくるときには、関連資料も含めると1大学で段ボール箱1つ分になることもあります。書く側も大変ですが、読む側からしても、せめて、書類鞄で持ち運びできるぐらいの自己評価書であって欲しいというのが実感です。実際、JABEEの評価に関する手引書『理解しやすい「自己点検書」作成のポイント』（土木学会編）でも、時間的制約のある読む側（審査する側）にとって読みやすく分かりやすいことが必要不可欠だと強調されています。

　大学評価機構の場合は、評価の公平性の確保という見地も加わって、自己評価書の本文に関しては厳しい字数制限が課されており、本文の記述は具体的取組や自己評価結果の理由についての簡潔な説明にとどめることが求められていました。重視されたのは、説明文的な本文ではなく、むしろ、それに後続する自己評価の根拠データの方です。

　「自己評価書の説明的記述は簡略なものにとどめ、根拠データの提示を重視する」という方針は、今後の自己評価においても継承すべきだと言えるでしょう。第三者評価機関への提出を予定しない自己評価書の場合でも、自己評価の信頼性を確保するためには、読み手として学外の人々を想定し、その理解を得られるような説得努力が必要です。その際の説得力の源泉は、しばしば自己弁明に終始しがちな抽象的で難解な長い文章ではなく、具体的で簡明な根拠データの効果的な提示にあります。これを第5章の最初のポイントとして強調しておきましょう。

> ポイント 20 ★説明文ではなく、具体的な根拠データに説明をさせる。

　本章では、この見地から、自己評価書における根拠データに集中することにします。まず、第1節では、「目標」の諸類型を取り上げます。その理由は、自己評価書で提示する根拠データは、こうした類型の理解がないと的はずれで説得力の弱いものになってしまう、というところにあります。第2節では、もう1つの目標類型の立て方を紹介し、すでに設定している「目標」や種々の根拠データの数値化可能性を示します。最後に、第3節で、根拠データの具体的な提示方法に関するポイントを取り上げることにします。

第1節 「目標」類型と根拠データ

　最初に強調したいのは次のポイントです。

> ポイント 21 ★「目標」の諸類型を意識する。

「目標」の諸類型

　これまでも、「アウトカム」とか「成果型」といった表現は用いていましたが、評価基準となる「目的・目標」の諸類型についての体系的な説明は、意識的に避けていました。なぜなら、大学評価機構の評価方式に準拠して自己評価を行うという想定で「目的・目標」を設定する際、実務的には、① 成果型の「目的・目標」、② それ以外のもの、という区別でさしあたりは十分であり、それ以上の詳細な分類は、かえって作業を錯綜させ難しくするので不要だと思われたからです。

　ところで、すでに私たちは、大学評価機構が設定した6つの評価項目に即して、成果型の「目的・目標」と、成果を達成する手段となる取組（「教育の実施体制」にかかわる取組など）に関する「目的・目標」とを、一通り設定し終えた段階に到達しています。作業として残されているのは、根拠データを

準備し、それを活用して自己評価書を記述することだけ、ということになります。この段階になると、根拠データの準備と活用という点で、もう少し詳しい類型を念頭に置いた方が、作業の能率を高めるとともに、自己評価書の説得力を強めることができます。

たとえば、自己評価に際して、カリキュラム編成に関する「目標」の達成度を示すために、教務関係委員会の制度的整備に関するデータを示しても、十分な説得力を持ちません。そうした制度がカリキュラム編成に際して効果的に機能することで、成果型の「目的・目標」の達成に貢献していることを示す必要があります。

適切な根拠データを準備し提示するためには、「目的・目標」の類型と根拠データの種類との対応関係を理解しておくことが役立ちます。さらに、そうした理解があれば、どのような根拠データを実際に提示できるのかををふまえて、事情が許せば、「目的・目標」の微修正・微調整を行うこともできます。以上が、第5章に至ってから「目的・目標」の諸類型を紹介する実践的理由です。

ここで示す類型は、「目的」と「目標」に共通します。しかし、機構方式の評価の場合、具体的な評価基準として実質的に機能するのは、「目的」よりも、むしろ「目標」ですので、ここでは「目標」の諸類型という表現を用いることにしました。

類　　型	特　　徴	機構による説明
成果型目標（アウトカム型目標）	成果についての目標(成果を間接的に表現するものを含む)	教育活動の達成を示す成果【教育成果】
インプット型目標	人員・予算などの資源投入や組織の設置・整備などに関する目標	組織編成及び人的・物的資源などの投入【教育の実施体制】
プロセス型目標	成果の達成につながるプロセスの中に位置づけられる活動や取組に関する目標	教育課程、教育環境及び提供するサービスの展開【教育内容、教育方法、学習支援、改善システム】
アウトプット型目標	資源投入の結果としてもたらされるものの規模や頻度	言及なし

目標の類型は、前頁の表のように、4つあります。カタカナ表現が多く煩わしいのですが、定訳がない3つについては通例のカタカナ表現に従うこととし、それぞれの特徴や機構の「実施要項」における説明を示しておきました。
　これだけでは、まだ抽象的ですので、具体例を挙げることにしましょう。実際には、前章で触れた形式上・書式上の様々な制約のため、十分に具体的な「目的」は設定できないかもしれませんが、ここでは説明の便宜のために、かなり具体性を高めています。なお、ここでの「成果型目標」の具体例として示したものは、成果そのものを直接的にではなく間接的に表現する「代理指標」を用いています。これについては、後で、「成果型指標」を説明する際に取り上げることにします。

目的(成果型)　留学生が多いという本学部の特徴を活かして、コミュニケーション能力と国際理解の育成・強化を図る。	成果型目標	留学生との共同セミナーへの2年生の参加者のうち、50%が3年生になっても再度参加を希望するように、参加満足度を高める。
	インプット型目標	共同セミナー制度を整備し、統括者として教員2名を充てる。
	プロセス型目標	目的に合致したセミナーの内容を確保するとともに、目的を参加者に周知徹底する。また、セミナー実施中に学生アンケートを実施し、その結果をセミナーの運営に反映させる。
	アウトプット型目標	共同セミナーを年2回実施し、2年生と3年生のそれぞれ30%を参加させる。

　さて、これらの「目標」例を見れば、大学評価機構が「アウトプット型」に言及しなかった理由が推測できます。大きな理由は、「アウトプット型」に言及しないことで、この型と「成果型(アウトカム型)」との混同を避ける、ということでしょう。官庁会計の方式に馴染んできた国立大学では、予算消化の直接的証拠になる「アウトプット」を成果と同一視する根強い傾向があるので、こうした配慮が必要だったのだと思われます。
　もう一つの理由としては、「アウトプット型」目標は「インプット型」目標に統合可能だ、という技術的見地が考えられます。つまり、「インプット型」目標に、意図されている「アウトプット」の数値を組み入れておけば、それで済むということです。上の例で言えば、「インプット型目標」を「2年生・

3年生の30%が参加して年2回実施される共同セミナーの制度を整備し、統括者として教員2名を充てる」としておけば、「アウトプット型」目標を別途に立てる必要はなくなります。もちろん、根拠データに関しては、実際の「アウトプット」を示すデータが不要だということではありません。それは、後の評価の段階で、「インプット型目標」の中で予定されていたアウトプットの数値が実現されているかどうかを示すデータとして用意しておく必要があります。

> 成果の観点から見た各類型の特徴

次に、それぞれの類型の「目標」と、成果型の一般的な「目的」との関係の緊密度について考えてみましょう。成果型以外の類型が、成果型との関係において手段的性格のものであることは、すでに繰り返し指摘しました。ここで注目したいのは、各類型の「目標」で掲げられている具体的項目と、成果型「目的」との結びつきの度合です。次の表では、結びつきの度合の高さを「*」の数の多さで表現しています。この度合は、個々の「目標」の具体的内容によって多少の違いがありえるでしょうが、一般的傾向としては、次のように示すことができます。

インプット型目標	*
アウトプット型目標	**
プロセス型目標	***
成果型目標	****

以下では、それぞれについて、成果との結びつきの低い順にコメントを加えることにします。

(1) インプット型目標

意図された努力の成果についての評価にとって、成果につながるような「インプット」の存在を確認することは、評価対象を絞り込む上で有益です。たとえば、「先輩学生から後輩学生へと勉学方法の伝授が自発的に行われている」という状況はたしかに望ましい特色と言えるとしても、教育主体の側から、そ

れを維持し助長する意識的な努力が「インプット(投入)」されていないのであれば、この特色は少なくとも意識的努力の成果として評価することはできません。その場合、それ自体としては価値のある特色でも、評価対象となる教育主体との関係では、偶然的な与件であるか、過去における意識的努力の成果の無自覚的食いつぶしを意味するにすぎません。

このように、「インプットのないところに(評価できるような)成果はない」と考えるのであれば、成果をきちんと意識した「インプット型目標」が立てられ、それが達成されていることは、良好な成果をある程度推測させるのに役立つと言えるでしょう。

とはいえ、「インプット」についての評価だけで十分であるなら、評価に苦労はありません。成果の評価を主眼とする見地からは、どれほど資源が投入され、どれほど組織や仕組が整備されていたとしても、それが成果達成の手段として機能していなければなりません。この「機能」という点は、「インプット型目標」の達成度自体からは見えてこないので、別の目標類型の観点から評価しなければならなくなるわけです。

(2) アウトプット型目標

すでに指摘したように、「アウトプット型目標」を独立した形で設定する必要はありませんが、少なくとも、設定されている「インプット型目標」が含意するアウトプットを念頭に置きながら、評価の際の根拠データとしては準備しておく必要があります。なぜなら、「アウトプット」を示すデータは、「インプット(投入)」された資源や整備された制度や仕組の規模・量・活用頻度などを表現することによって、制度や仕組の機能状況をある程度推測させるのに役立つからです。

先ほどの例で言えば、一定数の学生が留学生との共同セミナーに予定通り実際に参加している、という場合です。この場合、一定数の学生の参加により、セミナーという制度が実際に活用されていると推測できるでしょう。さらに、セミナーの内容や質が参加者数に左右されないと想定する限り、参加者数が予定通りであることは、予定を下回る場合に比べて、成果の観点からも高く評価できるでしょう。

とはいえ、内容や質に関するこのような想定が示唆するように、制度や仕組の機能状況についての評価は、「アウトプット型」のデータが表現できる量や規模の観点からの評価だけでは不十分であることもたしかです。

(3) プロセス型目標

　取組の内容や質にまで踏み込んで評価するためには、「プロセス型目標」の達成度に注目する必要があります。この型の「目標」に関連する取組としては、きわめて多くのものが考えられます。すなわち、① 学生の知識の獲得や能力の育成に関する基本方針である成果型「目的」の周知徹底、② 成果型「目的」に即したカリキュラム編成や個々の授業内容のデザイン、③ 成果型「目的」の達成を意図した教育方法の工夫、④ 履修指導や学習相談などの学習支援、⑤ 施設・設備の整備と活用、⑥ 教育改善のシステム、などです。すでに指摘したように、これらの多岐にわたる取組に関する諸々の「プロセス型目標」が体系的に設定され、それらが十分に達成されている場合には、教育の質の高さが確保されている可能性が強いので、良好な教育成果を推測させるのにも役立ちます。「成果型目標」として、わかりやすい数値を掲げることや成果の定性的側面を可視的に示すことが難しい実情をふまえれば、「プロセス型目標」に関する根拠データを適切に集積し提示することは、自己評価の説得力を高めるという点で、きわめて重要なポイントと言えるでしょう。

(4) 成果型目標

　「成果型目標」については、本章ですでに取り上げましたので、ここでは根拠データとの関連で、別の観点を示すことにしましょう。それは、「代理指標」という観点です。

　「教育の成果は必ずしも目に見える形では表れない」という見方を徹底すれば、在学時の成績、学生の授業評価の結果、資格の取得、卒業後の進路先などは、教育の成果を十分に表現しているとは言えないかもしれません。それらは、資格に直結するような専門教育の場合には成果をかなりの程度表現するとしても、たとえば、教養教育であるとか独創性や問題解決能力の育成などの点では必ずしも頼りにならない、という見方もありえるでしょう。とは

いえ、こうした見方を強調する先生方でも、優れたレポートや答案が返ってくれば、どうでしょう。そうしたレポートや答案は、自分の授業の工夫や効果とは全く無関係に、学生の知識や能力を表現しているにすぎないのでしょうか。学生を励まし努力を促した点も含めて自分の授業の効果を多少なりとも反映していると考えたくはないのでしょうか。

そもそも、教育評価に求められているのは、「卒業生の頭をスキャン装置にかけて脳の特定部分に成果が表れていることを証明せよ」ということではありません。そういう荒唐無稽な極論ではなくて、むしろ、「かなり高い蓋然性で成果の達成を推測させるような指標で評価して欲しい」ということだと考えるべきでしょう。ここでは、そうした指標を、「代理指標」と呼ぶことにします。教育成果の究極的不可視性という極度に厳密な見地からすれば、成績、資格、進路先などですら、「代理指標」と言えるでしょう。

一般的に代理指標として利用されることが多いのは、「満足度」です。「満足度」の高さは、教育成果の質を必ずしも表現するわけではありませんが、「満足度」の高い授業は、低い授業よりも、学生を啓発し強い印象を残す蓋然性がはるかに高いだろう、と考えられているわけです。

ただし、言うまでもなく「満足度」は主観的なものですから、取り扱いには慎重さが必要です。厳しい授業だが自分の知識や能力が高まることで充実感があるので「満足」だという評価とは異なり、学生に迎合する無内容な漫談的授業についての「満足」は、教育成果の代理指標と考えることはできません。先ほど示した代理指標を用いた「成果型目標」の例（「留学生との共同セミナーへの2年生の参加者のうち、50%が3年生になっても再度参加を希望するように、参加満足度を高める」）は、「満足度」の質を区別するための工夫の一例です。つまり、低次元の「満足」はすぐに飽和してしまうので、2年続けてまでは追求されないだろう、という想定が込められているわけです。いわゆる「リピート率」に注目するこうした工夫は、アンケート調査における「満足」だという回答をそのまま鵜呑みにせず、「満足」の質の高さを「リピート」という実際の行動によって識別しようとする試みと言えるでしょう。

とはいえ、学生の授業評価やアンケート調査を全く信用に値しないものと考える必要はありません。これらについても、工夫は可能だと思われます。

たとえば、「満足度」を問う項目の他に、「シラバスに記載されていた授業目標は、あなたにとって達成できたと思いますか」とか、「目標とされていた知識・能力の向上はありましたか」という設問を加えることです。もちろん、「達成度」や「向上度」の場合でも主観性は残りますが、少なくとも、それらと「満足度」とのずれの大きさを測定することによって、「満足度」の質をある程度は判断できるでしょう。

「満足度」の測定にこうした工夫を加えるとしても、それを実際に「成果型目標」の中に入れるのには、たしかに勇気がいります。しかし、評価全体の説得力を高めるためには、無条件に忌避するのではなく、工夫や試みを積み重ねる中で自信をつけ、少しずつ「成果型目標」へと反映していこうとする努力が必要でしょう。

代理指標の分野は、まだ、工夫と開発の余地がたくさんあります。工夫や開発を進めるためには、授業の効果を高め、自分たちの教育努力を他者に正しく理解してもらうという姿勢を貫いていくことが不可欠です。教育現場に責任を負わない傍観者的立場から、無意味で有害ですらあるような基準を押しつけられないためにも、前向きに取り組みたいところです。

第2節　「目標」の数値化を促進する別方式の類型化

さて次に、もう1つ強調しておきたいポイントに移ることにします。

> ポイント22　★「目標」や根拠データの数値的表現に挑戦する。

「目標」の数値化は、とりわけ「成果型」の場合は困難です。そのためもあって、類型にかかわらず全般的に数値化を避けようとする傾向が見られます。しかし、少し見方を変えて、別の角度から「目標」を類型化してみると、数値化が比較的容易な領域が浮かび上がってきます。

わかりやすい例として、市民の美的欲求の充足と美的感受性の向上を目的に掲げている市営美術館の場合で考えてみましょう。この美術館が市民に提供するサービスは、次のように区分することができます。

サービスの種類	サービスの目的	サービス内容例	成果の特徴
中心的サービス	市民の基本的ニーズ(美的欲求の充足と美的感受性の向上)に応える	●美術品の展示 ●質の高い展示品の収集 ●講習会の実施	●成果を数値的に表現することは、不可能ではないにせよ困難
補助的サービス	中心的サービスへの円滑な接近を促進する	●切符売場の混雑解消 ●インターネットでの切符販売や講習会受付 ●わかりやすい館内案内図	●成果はきわめて可視的 ●数値目標の設定が容易

　この場合、中心的サービスの成果は来館者数という数値で示せる面もありますが、来館者数は、美術館の本来の趣旨にそぐわない興味本位の展示で迎合するという安易な方策でも増やせるので、成果の定性的(質的)側面までは十分に表現できません。さらに、「美的感受性の向上」といった教育的要素に力点を置けば置くほど、大学教育の場合と同様、成果を可視的に表現したり数値的に表現することは難しくなってきます。

　しかし、補助的サービスの場合は対照的です。たとえば、切符売場の混雑解消は、従来の待ち時間の大幅短縮として可視的・数値的に表現できますし、「切符売場の待ち時間を2分以内とする」といった数値目標を掲げることもできます。また、補助的サービスに対する来館者の不満は、きわめて明確かつ具体的で、予算や人員といった資源上の制約はあるものの、比較的迅速に対応することが可能です。

　中心的サービスと補助的サービスとの区別は、大学教育についても可能です。教育の内容や成果に関する「目標」の大半は、中心的サービスに関連するので、数値化は難しく定性的「目標」とならざるをえないでしょう。とはいえ、補助的サービスに区分できる取組も広範囲にわたって種々あります。たとえば、休講掲示や成績通知の迅速化、インターネットを利用した各種申し込みの受付、図書館や自習施設の利用時間延長、等々です。また、教員の声の大きさや話す速さ、板書の字の読みやすさなども、授業内容という中心的サービスとの関係では、補助的サービスと言えます。声が小さくてほとん

ど聞き取れない授業は、授業がほとんど行われなかったのと実質的には同じですから、「補助的」といっても、中心的サービスの成否を左右することになります。授業でのプリント配布も、図書館での資料探しを促進させるといった教育的配慮が必要な場合を別とすれば、授業を円滑化する補助的サービスと考えることもできるでしょう。これらに関する改善努力の多くは、評価に際して、数値的な根拠データによってきわめて説得力のある形で表現できるはずです。

　実のところ、大学に対する学生の「満足度」のマイナス要因としては、授業の内容についていけないといった不満もあるでしょうが、それとともに、こうした補助的サービスへの明確で具体的な不満も少なからずあるように思われます。この種の不満への対応は、改善を約束することが比較的容易であり、「いつまでに、どの程度」というように努力の度合を数値的に表現することも可能な課題です。

　制約のある資源をやりくりしながら、この種の課題について具体的な「目標」を掲げて誠実に取り組むことは、大学の不可欠にして重要な構成員である学生を重視する教育姿勢を、社会にアピールすることにもなるでしょう。たとえ、これらの取組に関して設定した「目標」を完全には達成できなかったとしても、制約の下での努力をうかがわせるような結果であれば、社会の理解は得られやすいでしょう。こうした見地から、補助的なサービスについては、数値的な根拠データの準備とともに、すでに設定されている各種取組に関する「目標」を見直し、補助的サービスに関する数値的目標を可能な限り組み入れることも、お勧めしておきたいと思います。

第3節　根拠データの効果的な提示方法

　いよいよ、本マニュアルも大詰めとなりました。本マニュアルで最後の節となるこの第3節でまず強調したいポイントは、次の2つです。

> ポイント23 ★根拠データは、「目標」類型との対応をふまえて提示する。
>
> ポイント24 ★提示する根拠データは、必要最少限にとどめる。

　すべての評価項目にわたって、具体的な根拠データについてコメントを加えたいところですが、分量が膨大になってしまいます。ここでは、学部教育に関する評価項目の中の幾つかの「要素」と「観点例」に絞り、自己評価の裏付けに必要となる根拠データの特徴や性質を示すことにとどめたいと思います。

(1) 教育の実施体制に関連する根拠データ

評価項目：教育の実施体制		
要素①　教育実施組織の整備に関する取組状況　　観点例：教員組織の構成		
留　意　点	データ内容	データ例
(1) ここでの「目標」はインプット型 (2) 成果型の「目的・目標」を実現するための教員組織の構成であることを示す必要がある	「目標」として予定されていたインプットが実現されていることを示すアウトプット型の数値データ	●授業科目への教員の配置数、配置割合 ●主要授業科目に重点的に十分な数の専任教員が割り当てられていることを示す数値データ
(3) 整備されているだけではなく、機能していることを示す必要があるので、成果型の「目的・目標」にとって十分な質と量が確保されていることをデータに語らせるよう配慮する必要がある	インプットの質を示す数値データや定性的データ	●教員の年齢構成 ●教育上の能力に配慮した資格審査システム

　この項目で設定されている「目標」は、すでに示したようにインプット型です。インプット型「目標」の達成度それ自体は、理屈の上では、アウトプット型の根拠データだけで示すことができます。しかし、今日の教育評価では、成果型「目標」の達成度の評価を究極目的としていますから、資源が予定通り投入されたことを示すだけではなく、投入された資源が成果型「目標」の

観点から有効に機能していることも、可能な限り示す必要があります。提示する根拠データは「目標」類型との対応をふまえるべきとポイント23で強調しましたが、これにはこうした配慮も含まれていることに留意してください。

なお、ここで示す数値データは、たんに評価時点でのものだけでなく、経年的推移を示すものも併せて提示すると、改善努力を(努力している場合には)表現することができます。

「教育上の能力に配慮した資格審査システム」については、関連規則が根拠データの1つとなりますが、提示に際しては、必要な部分に限定して提示するようにしましょう。また、規則の提示だけでは、システムが機能しているかどうかは表現できませんから、資格審査の会合の内容や頻度等についても、データを示すことが必要です。

(2) 教育内容面での取組に関連する根拠データ

この項目で設定されている「目標」はプロセス型です。この類型に対応する根拠データは、取組の内容や質を示す定性的なものが基本ですが、数値データも、取組の現状を示すものとして必要ですし、経年的推移を表現するものとして活用することができます。

評価項目：教育内容面での取組		
要素① 教育課程の編成に関する取組状況　観点例：教育課程の体系的編成		
留意点	データ内容	データ例
(1) ここでの「目標」はプロセス型 (2) 成果型の「目的・目標」を実現するため教育課程編成であることを意識している必要がある	「目標」として予定されていた取組(プロセス)が実施されていることを示す定性的データや数値データ	●各科目と成果型の「目的・目標」との対応を示すポートフォリオ ●授業科目の開設状況 ●各科目の履習状況 ●受講学生数
(3) 取組が実施されているだけではなく、機能していることを示す必要があるので、成果型の「目的・目標」にとって十分な質と量が確保されていることをデータに語らせるよう配慮する必要がある	取組が実効的に機能するための工夫を示す定性的データや数値データ	●望ましいバランスに言及した履習要項 ●望ましいバランスに誘導する工夫がされた履修制限や時間割編成

この観点例の場合はとくに、多種多様なデータが利用可能です。手元にいろいろあると、苦労して集めたデータでもあるので、全部使いたくなりますが、あくまでも、成果型「目的・目標」への貢献度という見地からプロセス型「目標」の達成度を示すという趣旨を肝に銘じて、必要最小限にとどめるようにしましょう。

(3) 教育の達成状況(教育成果)に関連する根拠データ

評価項目：教育の達成状況		
要素① 学生が身に付けた学力や育成された資質・能力の状況から判断した達成状況	観点例： ○ 単位取得、進級、卒業及び資格取得などの各段階の状況からの判断 ○ 学生の授業評価結果等からみての判断	
要素② 進学や就職などの卒業後の進路の状況から判断した達成状況	○ 進学や就職などの卒業後の進路の状況からの判断 ○ 雇用主の卒業生に対する評価結果等からみての判断	
留意点	データ内容	データ例
(1) ここでの「目標」は成果型 (2) 在学中に育成された知識・能力(成果)を表現する視点や指標を総動員する必要がある	育成された知識・能力(成果)を定性的に表現するデータ(比率などの数値データを含む)	●履修・成績・単位取得に関するデータ ●就職先・進学先の傾向を示すデータ ●主な就職先での評価
	育成された知識・能力(成果)を数値的に表現するデータ(代理指標に関するデータ)	●各授業や課程全般に関する学生の満足度(学生による自己評価など) ●各授業目標の達成度 ●満足度や達成度に関する卒業生の評価

成果型目標の特徴や、この類型に関連する根拠データとしての代理指標についてはすでに紹介しましたので、ここでは、幾つかの補足にとどめます。

何よりもまず強調したいのは、「教育成果を可視的に表現したり数値的に表現することは全く不可能だ」と最初から諦めるのではなく、教育という自分たちの仕事に誇りを持って、自分たちの努力を対外的に理解してもらうため

に、できる限りのことはしてみよう、ということです。

　定員割れに直面している私立大学の自己評価書を見たことがあります。そこでは、一般入試による応募者の選別が事実上機能しなくなっているため、推薦入試に大きく依存せざるをえなくなっています。その大学の自己評価書では、各種入試方式によって入学してきた学生についての徹底的な追跡調査の結果や、留年率、退学者数の推移などを、グラフ等を駆使して示し、全入状態での大学側の努力や教育成果を訴えていました。大学の存続を賭けた必死の工夫と言えます。努力や成果を可視化するためのこうした真剣な取組からは、学べるものが多々あります。

　そこで次に、具体的な可能性について考えてみましょう。大学評価機構の分野別教育評価に際して作成された各大学の自己評価書を見ると、達成度を示すものとして、留年者数、卒業者数、大学院進学者数、企業別の就職者数などが、表で羅列的に示されている場合が少なくありません。しかし、読む側からすると、これでは表のどの数値に注目を喚起したいのかが伝わりにくく、それを読み取るために余分なエネルギーが必要になります。また、読む側でそうした努力をしても、場合によっては、意図の不明確な数値の羅列と思える表もあります。

　ごく単純な仮想例で、具体的に考えてみましょう。次のような表があったとします。

卒業及び留年等の状況（学部）				
	1999年度	2000年度	2001年度	2002年度
卒業者	285	284	306	287
留年者	58	70	65	60
退学者	14	8	16	10

これだけでは、何を伝えたいのかよくわかりません。

　グラフを利用する場合でも、次のようなグラフでは、やはりメッセージがはっきりしません。

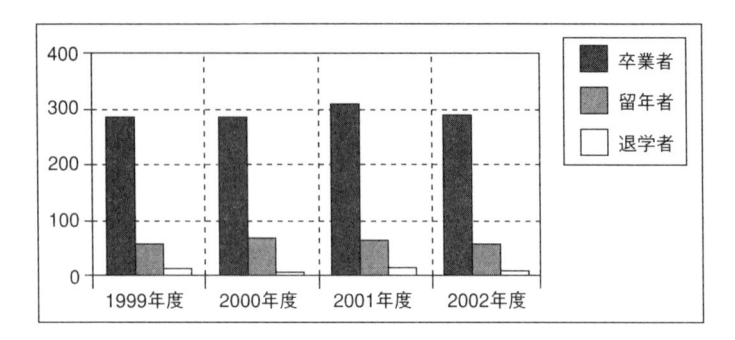

表現したいもの・注目して欲しいものをはっきりと意識する必要があります。

留年者数や退学者数が、年度ごとの特殊事情で多少の変化があることを示したいのであれば、次のような折れ線グラフの方が効果的でしょう。

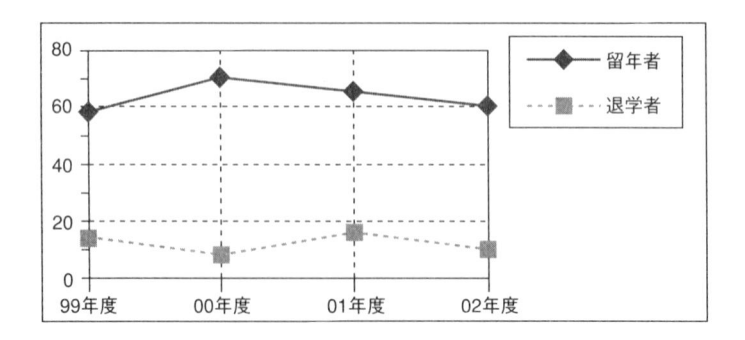

逆に、多少の変動はあっても、留年率や退学率がほぼ一定であることを示すには、次の帯グラフの方がわかりやすいと言えます。

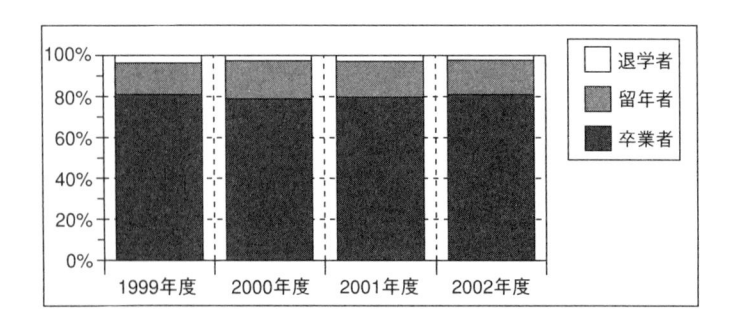

同じ帯グラフでも、卒業後の進路先を示す次のグラフでは、進路先の一般的傾向と、大学院進学と公務員が増加している最近の動向とを同時に示すことができます。

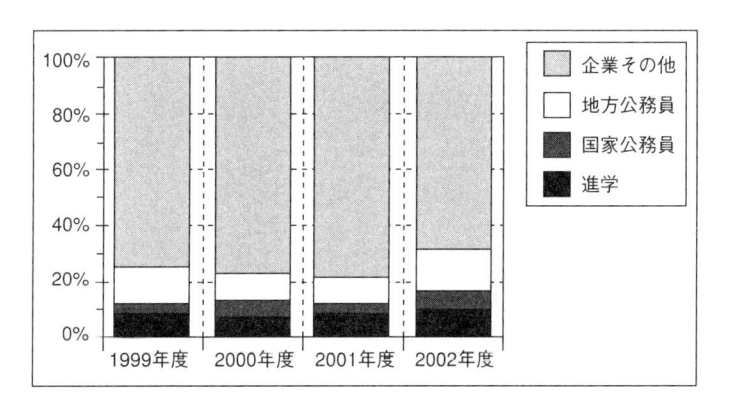

[グラフ：1999年度〜2002年度の卒業後進路先を示す帯グラフ。凡例：企業その他、地方公務員、国家公務員、進学]

その他、成果型目標と各授業あるいは各授業類型とのポートフォリオを作成している場合は、大多数の学生に一般的に見られる単位取得パターンを帯グラフなどで表現し、カリキュラム編成時の意図の実現度を示すという工夫もありえます。

たしかに、このように技術的にきわめて素朴な例を紹介していると、内心忸怩たるものがあります。しかし、どれほど素朴であれ、やはり、教育成果を可視化していくための貴重な第一歩です。要点を繰り返せば、大切なのは、グラフなどの視覚化それ自体に凝るということではなく、むしろ、自分たちの教育努力の成果として何を表現したいのかをはっきりさせることです。この視点をしっかり確立することが、表現技術に関するアイデアや工夫を育てる土壌になると言えるでしょう。こうしたアイデアや工夫のために力を尽くした上で、「それでもなお、教育成果の中には、卒業生の人生の最終局面でようやく明らかになる重要なものがあるかもしれない」と物静かに付言できるようになりたいものです。

さて、「目標」類型の違いにかかわらず、根拠データの提示に際して配慮すべき共通の点について触れることで、締めくくりとしたいと思います。いず

れも、細やかな配慮ですが、自己評価書全般の説得力・質に影響すると言えるでしょう。

(1) 根拠データの対象時期を適切に設定すること。ポイント24の「必要最少限のデータ提示」ということにも関連しますが、とくに必要がないのに、評価対象時期以外のデータを提示したり、あるいは逆に、重要と思える直近のデータが脱落していることが、時折、見かけられます。

(2) 根拠データはできるだけ見やすい場所で提示すること。これは、書式の制約などのために難しいことも少なくありませんが、読む側にとっては親切な配慮です。

(3) 必要に応じて、根拠データのタイトルや注で、データの性格などについて簡単に説明しておくこと。とくに、1つの評価ポイントについて幾つもの根拠データを連続して示す必要が出てくる場合に必要な配慮です。

(4) 提示が必要な場合は、同一データでも、「前掲箇所参照」とせず、丹念に再提示すること。これは、自己評価書の分量を少なくするという方針とは衝突しますけれども、多少この点で犠牲を払っても、重要な根拠データの場合は重複を厭わない方が読み手にとって親切です。

あとがき

　以上で本書は終わりです。実践的マニュアルとしてのわかりやすい記述を心がけたつもりですが、書き手の力不足もさることながら、自己評価の仕事自体が複雑であるため、かなり入り組んだ説明になってしまったかもしれません。冒頭でも約束しましたように、読者の皆さんからの様々な御指摘にもとづいて、今後も改良に努めたいと思います。ぜひ、忌憚のない御意見をお寄せください。

　本書で想定されている自己評価は、来るべき認証機関評価や国立大学法人評価を見据えつつ、法人化後の最初の中期目標期間に行われることになりますので、評価基準は、実質的には、この期間内にめざすべき様々な成果や改善の取組の達成度ということになります。そのため、年次計画や作業工程表を考慮に入れず、評価基準そのものに即して早い段階で自己評価を実施すれば、達成されていない成果や取り組まれていない改善も少なからず出てくることになります。しかし、こうした評価結果は、予定されている取組を段階的に実施していけば解消されるわけですから、気にする必要はありません。むしろ、年次計画や作業工程表の着実な実施を後押ししてくれるものと受け止めた方がよいでしょう。また、最終的には、自己評価が繰り返されるごとに評価結果が徐々に向上していく経緯がはっきりし、中期目標期間全体をつうじての改善努力の成果が明確に示されることにもなります。こうした前向きの姿勢で、自己評価を繰り返していくことにしましょう。

　このような自己評価の取組の中で、読者の皆さんが本書で紹介した作業に習熟し、根拠データに関する様々な技術的ポイントに至るまで十分な配慮をする余裕が持てるようになってくれば、本書は卒業ということになります。しかし、卒業前に一言、付け加えておきたいと思います。

　自己評価の方向性をふまえて根拠データに語らせるという技術に習熟し、根拠データを能動的に統御できるようになると、データを粉飾したり故意に

脱落させたりといった危険な誘惑が生じてくることも、ひょっとするとありえるかもしれません。データの捏造は論外としても、達成度の上昇を誇張するために、経年的推移を示すグラフのスケールを常識的範囲を超えて操作したくなるといった誘惑はありえます。もっとも、この程度の粉飾は、現在の第三者評価の技術水準では、簡単に見破られると考えてよいでしょう。深刻なのは、むしろ、改善の必要を示唆するような重要なデータを故意に提示しない場合です。あるべきデータが示されていないという不作為を外部から見抜くのは、不可能ではないにせよ容易ではありません。

　しかし、こうしたことは、せっかく労力を費やして行ってきた自己評価を台無しにしてしまいます。改善のための自己評価は、不都合に思えるデータにも率直に向き合う姿勢を大前提としています。第三者評価のベテランが異口同音に指摘するのは、自信のある大学ほど「改善を要する」という自己評価を下すことに躊躇しない、ということです。裏返して言えば、改善を必要とする点を自己評価によって率直に示すことができないということは、結果的に、改善能力それ自体が欠如しているというメッセージを発していることになる、ということです。

　そこで、最後の念押しとして、あらためて次のポイントを強調しておきたいと思います。

> ポイント25　★「改善のための評価」という原点を忘れずに。

謝　辞

　「まえがき」でもふれましたが、本書は、九州大学教育研究プログラム・研究拠点形成プロジェクト(P&P)制度の2003年度(平成15年度)における特別研究経費配分を受けて実施された研究活動(研究課題「教育改善を促進する評価手法の開発と教育評価マニュアルの作成」)の成果にもとづいています。この場を借りて、貴重なチャンスを与えてくださった関係者各位に感謝の意を表したいと思います。次に、このプロジェクトに参加してくださった九州大学の同僚の方々、および協力を惜しまず与えてくださった九州大学事務局の方々に、心より御礼を申し上げます。(なお、この謝辞で以下に示す肩書は、すべて、プロジェクトを実施した2003年度当時のものです。)

　　落合英俊(工学研究院・教授)、押川元重(放送大学福岡学習センター・所長)、速水洋(先導物質化学研究所・教授)、樋口駿(薬学研究院・教授)、古川謙介(農学研究院・教授)、益田光治(総合理工学研究院・教授)、川本芳昭(人文科学研究院・教授)、神寶秀夫(人文科学研究院・教授)、淵田吉男(高等教育総合開発研究センター・教授)、角松生史(法学研究院・助教授)、熊野直樹(法学研究院・助教授)、大嶺聖(工学研究院・助教授)、三宅浩之(法学研究院・講師)、山口乃里子(企画部企画課・専門員)、江藤竜美(企画部企画課評価掛・掛長)、平野藤夫(企画部企画課評価掛・専門職員)、安達淳一郎(企画部企画課評価掛・掛員)。

この研究チームによる訪問調査に丁寧に対応してくださり、また、2003年12月に九州大学で開催された教育評価シンポジウムでの講演を引き受けてくださった絹川正吉先生(国際基督教大学学長)、池田輝政先生(名古屋大学・評価情報分析室・室長)には、多くのことを御教示いただきました。厚く御礼を申し上げます。また、本書の出版を九州大学出版会に推薦してくださった、落合英俊先生(九州大学総長特別補佐・九州大学大学評価情報室長)、野澤秀樹先生(九州大学・副学長)の両先生に御礼を申し上げます。

本書の出版に際しては、九州大学法学部国際交流基金による出版助成を受けました。関係者の方々に感謝いたします。最後に、出版にこぎつけるまでに本当にいろいろと御世話になった九州大学出版会の藤木雅幸編集長に御礼を申し上げます。

巻末資料

資料1 大学基準協会が定めている主要点検・評価項目

　次の資料は、大学基準協会が定めている主要点検・評価項目のうち、学部教育の評価に関連するもののリストです。大学院についての設定項目は、スペースの都合で省略しますので、必要に応じて、同協会のホームページを参照してください。リストの右の欄の「A群」、「B群」、「C群」は、次のように定義されています。

A群	大学もしくは学部・学科・大学院研究科が具備することが必須不可欠であるもの	加盟判定審査の必須項目 相互評価の必須項目
B群	大学もしくは学部・学科・大学院研究科が具備することが必須不可欠であるもの	相互評価の必須項目
C群	具備することが一応望ましいとは言え、「点検・評価項目」として採用するかどうかの判断を、当該大学・学部・大学院研究科の裁量に委ねることが適当であるもの	

1. 大学・学部等の理念・目的・教育目標		
理念・目的等	○ 大学・学部等の理念・目的・教育目標とそれに伴う人材養成等の目的の適切性	A群
	○ 大学・学部等の理念・目的・教育目標とその達成状況	B群
理念・目的等の検証	○ 大学・学部等の理念・目的・教育目標を検証する仕組みの導入状況	C群
	○ 大学・学部等の理念・目的・教育目標の、社会との関わりの中での見直しの状況	
健全性、モラル等	○ 大学としての健全性・誠実性、教職員及び学生のモラルなどを確保するための綱領等の策定状況	C群
2. 教育研究組織		
教育研究組織	○ 当該大学の学部・学科・大学院研究科・研究所などの組織の教育研究組織としての適切性、妥当性	A群
教育研究組織の検証	○ 当該大学の教育研究組織の妥当性を検証する仕組みの導入状況	C群

3. 教育研究の内容・方法と条件整備
(1) 教育研究の内容等

学部・学科等の教育課程	○ 学部・学科等の教育課程と各学部・学科等の理念・目的並びに学校教育法第52条、大学設置基準第19条との関連 ○ 学部・学科等の理念・目的や教育目標との対応関係における、学士課程としてのカリキュラムの体系性 ○ 教育課程における基礎教育、倫理性を培う教育の位置づけ	A群
	○ 「専攻に係る専門の学芸」を教授するための専門教育的授業科目とその学部・学科等の理念・目的、学問の体系性並びに学校教育法第52条との適合性 ○ 一般教養的授業科目の編成における「幅広く深い教養及び総合的な判断力を培い、豊かな人間性を涵養」するための配慮の適切性 ○ 外国語科目の編成における学部・学科等の理念・目的の実現への配慮と「国際化等の進展に適切に対応するため、外国語能力の育成」のための措置の適切性 ○ 教育課程の開設授業科目、卒業所要総単位に占める専門教育的授業科目・一般教養的授業科目・外国語科目等の量的配分とその適切性、妥当性 ○ 基礎教育と教養教育の実施・運営のための責任体制の確立とその実践状況	B群
	○ グローバル化時代に対応させた教育、倫理性を培う教育、コミュニケーション能力等のスキルを涵養するための教育を実践している場合における、そうした教育の教養教育上の位置づけ ○ 起業家的能力を涵養するための教育を実践している場合における、そうした教育の教育課程上の位置づけ ○ 学生の心身の健康の保持・増進のための教育的配慮の状況	C群
カリキュラムにおける高・大の接続	○ 学生が後期中等教育から高等教育へ円滑に移行できるような教育指導上の配慮の適切性	B群
カリキュラムと国家試験	○ 国家試験につながりのあるカリキュラムを持つ学部・学科における、受験率・合格者数・合格率	C群
医学系のカリキュラムにおける臨床実習	○ 医学系のカリキュラムにおける、臨床実習の位置づけとその適切性	B群

インターンシップ、ボランティア	○ インターンシップを導入している学部・学科等における、そうしたシステムの実施の適切性 ○ ボランティア活動を単位認定している学部・学科等における、そうしたシステムの実施の適切性	C群
履修科目の区分	○ カリキュラム編成における、必修・選択の量的配分の適切性、妥当性	B群
授業形態と単位の関係	○ 各授業科目の特徴・内容や履修形態との関係における、その各々の授業科目の単位計算方法の妥当性	A群
単位互換、単位認定等	○ 国内外の大学等と単位互換を行っている大学にあっては、実施している単位互換方法の適切性 ○ 大学以外の教育施設等での学修や入学前の既修得単位を単位認定している大学・学部等にあっては、実施している単位認定方法の適切性 ○ 卒業所要総単位中、自大学・学部・学科等による認定単位数の割合	B群
	○ 海外の大学との学生交流協定の締結状況とそのカリキュラム上の位置づけ ○ 発展途上国に対する教育支援を行っている場合における、そうした支援の適切性	C群
開設授業科目における専・兼比率等	○ 全授業科目中、専任教員が担当する授業科目とその割合 ○ 兼任教員等の教育課程への関与の状況	B群
社会人学生、外国人留学生等への教育上の配慮	○ 社会人学生、外国人留学生、帰国生徒に対する教育課程編成上、教育指導上の配慮	C群
生涯学習への対応	○ 生涯学習への対応とそのための措置の適切性、妥当性	B群
正課外教育	正課外教育の充実度	C群

3. 教育研究の内容・方法と条件整備
(2) 教育方法とその改善

教育効果の測定	○ 教育上の効果を測定するための方法の適切性 ○ 教育効果や目標達成度及びそれらの測定方法に対する教員間の合意の確立状況 ○ 教育効果を測定するシステム全体の機能的有効性を検証する仕組みの導入状況 ○ 卒業生の進路状況	B群
	○ 教育効果の測定方法を開発する仕組みの導入状況	C群

	○ 教育効果の測定方法の有効性を検証する仕組みの導入状況 ○ 教育効果の測定結果を基礎に、教育改善を行う仕組みの導入状況 ○ 国際的、国内的に注目され評価されるような人材の輩出状況	
厳格な成績評価の仕組み	○ 履修科目登録の上限設定とその運用の適切性 ○ 成績評価法、成績評価基準の適切性	A 群
	○ 厳格な成績評価を行う仕組みの導入状況 ○ 各年次及び卒業時の学生の質を検証・確保するための方途	B 群
	○ 学生の学習意欲を刺激する仕組みの導入状況	C 群
履修指導	○ 学生に対する履修指導の適切性	A 群
	○ オフィスアワーの制度化の状況 ○ 留年者に対する教育上の配慮措置の適切性	B 群
	○ 学習支援(アカデミック・ガイダンス)を恒常的に行うアドバイザー制度の導入状況 ○ 科目等履修生、聴講生等に対する教育指導上の配慮の適切性	C 群
教育改善への組織的な取り組み	○ 学生の学修の活性化と教員の教育指導方法の改善を促進するための措置とその有効性 ○ シラバスの適切性	A 群
	○ FD 活動に対する組織的取り組み状況の適切性 ○ 学生による授業評価の導入状況	B 群
	○ FD の継続的実施を図る方途の適切性 ○ 学生満足度調査の導入状況 ○ 卒業生に対し、在学時の教育内容・方法を評価させる仕組みの導入状況 ○ 雇用主による卒業生の実績を評価させる仕組みの導入状況 ○ 教育評価の成果を教育改善に直結させるシステムの確立状況とその運用の適切性	C 群
授業形態と授業方法の関係	○ 授業形態と授業方法の適切性、妥当性とその教育指導上の有効性 ○ マルチメディアを活用した教育の導入状況とその運用の適切性 ○「遠隔授業」による授業科目を単位認定している大学・学部等における、そうした制度措置の運用の適切性	B 群

3年卒業の特例	○4年未満で卒業を認めている大学・学部等における、そうした制度措置の運用の適切性	C群
3. 教育研究の内容・方法と条件整備 　　(3)　国内外における教育研究交流		
	○国際化への対応と国際交流の推進に関する基本方針の適切性	B群
	○国際レベルでの教育研究交流を緊密化させるための措置の適切性	
	○外国人教員の受け入れ体制の整備状況	C群
	○教育研究及びその成果の外部発信の状況とその適切性	
3. 教育研究の内容・方法と条件整備 　　(4)　通信制大学等		
	○通信制の大学・学部における、実施している教育の内容、方法、単位認定、学位授与の適切性とそのための条件整備の適切性	A群
4. 学生の受け入れ		
学生募集方法、入学者選抜方法	○大学・学部等の学生募集の方法、入学者選抜方法、殊に複数の入学者選抜方法を採用している場合には、その各々の選抜方法の位置づけ等の適切性	A群
入学者受け入れ方針等	○入学者受け入れ方針と大学・学部等の理念・目的・教育目標との関係	A群
	○入学者受け入れ方針と入学者選抜方法、カリキュラムとの関係	B群
	○学部・学科等のカリキュラムと入試科目との関係	C群
入学者選抜の仕組み	○入学者選抜試験実施体制の適切性 ○入学者選抜基準の透明性	B群
	○入学者選抜とその結果の公正性・妥当性を確保するシステムの導入状況	C群
入学者選抜方法の検証	○各年の入試問題を検証する仕組みの導入状況	B群
	○入学者選抜方法の適切性について、学外関係者などから意見聴取を行う仕組みの導入状況	C群
アドミッションズ・オフィス入試	○アドミッションズ・オフィス入試を実施している場合における、その実施の適切性	C群
「飛び入学」	○「飛び入学」を実施している大学・学部における、そうした制度の運用の適切性	C群

入学者選抜における高・大の連携	○ 推薦入学における、高等学校との関係の適切性 ○ 入学者選抜における、高等学校の「調査表」の位置づけ ○ 高校生に対して行う進路相談・指導、その他これに関わる情報伝達の適切性	C群
夜間学部等への社会人の受け入れ	○ 夜間学部、昼夜開講制学部における、社会人学生の受け入れ状況	C群
科目等履修生・聴講生等	○ 科目等履修生、聴講生等の受け入れ方針・要件の適切性と明確性	C群
外国人留学生の受け入れ	○ 留学生の本国地での大学教育、大学前教育の内容・質の認定の上に立った学生受け入れ・単位認定の適切性	C群
定員管理	○ 学生収容定員と在籍学生数の比率の適切性 ○ 定員超過の著しい学部・学科等における定員適正化に向けた努力の状況	A群
	○ 定員充足率の確認の上に立った組織改組、定員変更の可能性を検証する仕組みの導入状況	B群
	○ 恒常的に著しい欠員が生じている学部・学科における、対処方法の適切性	C群
編入学者、退学者	○ 退学者の状況と退学理由の把握状況	A群
	○ 編入学生及び転科・転部学生の状況	C群
5. 教育研究のための人的体制		
教員組織	○ 学部・学科等の理念・目的並びに教育課程の種類・性格、学生数との関係における当該学部の教員組織の適切性 ○ 主要な授業科目への専任教員の配置状況 ○ 教員組織における専任、兼任の比率の適切性 ○ 理念・目的・教育目標との関連における、教員組織の年齢構成の適切性	A群
	○ 教育課程編成の目的を具体的に実現するための教員間における連絡調整の状況とその妥当性	B群
	○ 教員組織における社会人の受け入れ状況 ○ 教員組織における外国人研究者の受け入れ状況 ○ 教員組織における女性教員の占める割合	C群
教育研究支援職員	○ 実験・実習を伴う教育、外国語教育、情報処理関連教育等を実施するための人的補助体制の整備状況と人員配置の適切性 ○ 教員と教育研究支援職員との間の連携・協力関係の適切性	B群

		◯ ティーチング・アシスタントの制度化の状況とその活用の適切性	C群
教員の募集・任免・昇格に対する基準・手続	◯ 教員の募集・任免・昇格に関する基準・手続の内容とその運用の適切性		A群
	◯ 教員選考基準と手続の明確化 ◯ 教員選考手続における公募制の導入状況とその運用の適切性		B群
	◯ 任期制等を含む、教員の適切な流動化を促進させるための措置の導入状況		C群
教育研究活動の評価	◯ 教員の教育研究活動についての評価方法とその有効性 ◯ 教員選考基準における教育研究能力・実績への配慮の適切性		B群
大学と併設短期大学(部)との関係	◯ 大学と併設短期大学(部)における各々固有の人員配置の適切性		B群
	◯ 併設短期大学(部)との人的交流の状況とその適切性		C群

6. 施設・設備等

施設・設備等の整備	◯ 大学・学部等の教育研究目的を実現するための施設・設備等諸条件の整備状況の適切性		A群
	◯ 教育の用に供する情報処理機器などの配備状況		B群
	◯ 社会へ開放される施設・設備の整備状況 ◯ 記念施設・保存建物の保存・活用の状況		C群
キャンパス・アメニティ等	◯ キャンパス・アメニティの形成・支援のための体制の確立状況 ◯「学生のための生活の場」の整備状況 ◯ 大学周辺の「環境」への配慮の状況		B群
利用上の配慮	◯ 施設・設備面における障害者への配慮の状況		B群
	◯ 各施設の利用時間に対する配慮の状況 ◯ キャンパス間の移動を円滑にするための交通動線・交通手段の整備状況		C群
組織・管理体制	◯ 施設・設備等を維持・管理するための責任体制の確立状況 ◯ 施設・設備の衛生・安全を確保するためのシステムの整備状況		B群

7. 図書館及び図書等の資料、学術情報

図書、図書館の整備	◯ 図書、学術雑誌、視聴覚資料、その他教育研究上必要な資料の体系的整備とその量的整備の適切性 ◯ 図書館施設の規模、機器・備品の整備状況とその適切性、有効性		A群

		○ 学生閲覧室の座席数、開館時間、図書館ネットワークの整備等、図書館利用者に対する利用上の配慮の状況とその有効性、適切性	
学術情報へのアクセス		○ 学術情報の処理・提供システムの整備状況、国内外の他大学との協力の状況	B群
8. 社会貢献【省略】			
9. 学生生活への配慮			
学生への経済的支援		○ 奨学金その他学生への経済的支援を図るための措置の有効性、適切性	A群
		○ 各種奨学金へのアクセスを容易にするような学生への情報提供の状況とその適切性	C群
生活相談等		○ 学生の心身の健康保持・増進及び安全・衛生への配慮の適切性	A群
		○ 生活相談担当部署の活動上の有効性	B群
		○ 生活相談、進路相談を行う専門のカウンセラーやアドバイザーなどの配置状況	C群
		○ 学内の生活相談機関と地域医療機関等との連携関係の状況	
		○ 学生生活に関する満足度アンケートの実施と活用の状況	
就職指導		○ 学生の進路選択に関わる指導の適切性	A群
		○ 就職担当部署の活動上の有効性	B群
		○ 就職指導を行う専門のキャリアアドバイザーの配置状況	C群
		○ 学生への就職ガイダンスの実施状況とその適切性	
		○ 就職活動の早期化に対する対応	
		○ 就職統計データの整備と活用の状況	
課外活動		○ 学生の課外活動に対して大学として組織的に行っている指導、支援の有効性	A群
		○ 学生の課外活動の国内外における水準状況と学生満足度	C群
		○ 資格取得を目的とする課外授業の開設状況とその有効性	
		○ 学生代表と定期的に意見交換を行うシステムの確立状況	
10. 管理運営【省略】			
11. 財 政【省略】			
12. 事務組織【省略】			
13. 自己点検・評価			
自己点検・評価		○ 自己点検・評価を恒常的に行うための制度システムの内容とその活動上の有効性	A群

	○ 自己点検・評価プロセスに、学生・卒業生や雇用主などを含む学外者の意見を反映させる仕組みの導入状況	C群
自己点検・評価と改善・改革システムの連結	○ 自己点検・評価の結果を基礎に、将来の発展に向けた改善・改革を行うための制度システムの内容とその活動上の有効性	A群
自己点検・評価に対する学外者による検証	○ 自己点検・評価結果の客観性・妥当性を確保するための措置の適切性	B群
	○ 外部評価を行う際の、外部評価者の選任手続の適切性 ○ 外部評価者による外部評価の適切性 ○ 外部評価と自己点検・評価との関係	C群
評価結果の公表	○ 自己点検・評価結果の学内外への発信状況とその適切性	A群
	○ 外部評価結果の学内外への発信状況とその適切性	B群
大学に対する社会的評価等	○ 大学・学部の社会的評価の検証状況 ○ 他大学にはない特色や「活力」の検証状況	C群

資料2 『グリーンブック』における中期目標・中期計画の記載事項例

　次の資料は、2002年(平成14年)3月に公表された「国立大学等の独立行政法人化に関する調査検討会議」の最終報告書『新しい「国立大学法人」像について』(通称『グリーンブック』)の巻末資料として付された中期目標・中期計画の記載事項例のうち、教育関係の例示を抜粋したものです。本書第4章で指摘したように、この資料では、「教育成果」に関する目標と措置は、後方(5番目の項目)に位置しています。

(1) 教育に関する目標 1) 大学全体としての目標	(1) 教育に関する措置
	● 平成△年度までに、明確かつ具体的な全学の教育目的・目標及びそれを踏まえた各学部・研究科の教育目的・目標を策定し、公表する。
○ 教養教育の充実を図るとともに、外国語によるコミュニケーション能力や情報リテラシーの育成を重視する。	● 平成△年度に、教養教育の実施・運営体制の点検を行うための委員会を発足させ、平成▽年度を目途に、語学に関する指導方法・修得単位数等の重点的な見直しを行う。また、平成□年度より、教養教育授業における双方向性向上のための可変的少人数用教室群の整備を進める。
	● ▽▽学部と□□学部においては、平成△年度以降、入学時と3年進級時にTOEFL受験を課し、3年進級時に上位半数の平均スコアが600点になるようにする。
○ 課程制大学院としての教育課程・教育研究指導方法の充実を図る。	● 平成▽年度までに、全ての修士課程(博士前期課程)について、講義・演習の構成・配置と研究課題選定の際の指導体制について点検し、その結果を学部学生・大学院生などに周知する。
○ 課程制大学院制度の趣旨を踏まえた学位授与の円滑化を図る。	● 平成▽年度までに、各研究科における学位授与基準の見直しを行い、その明確化を図る。特に○○研究科の授与件数を増加する。
○ ...に関する高度専門職業人養成機能の拡充を図る。	● 次期中期目標期間の当初に○○分野に関する専門大学院を開設することを目指して検討を行い、平成▽年度までにその結果を整理する。

○ 現職教員の再教育を推進する。	● 平成▽年度までに教育実践総合センターの事業内容の総点検を実施し、現職教員の再教育の重点に関連する事業を開始する。
2) 入学者受入に関する目標 ○ 学生の入学定員を適切に定める。	2) 入学者受入に関する措置 ● 中期目標期間中の学生の入学定員は、以下の通りとする。 　● ○○学部○○○人(編入学定員○○人) 　● △研究科修士課程○○人、博士課程○○人 　● △△学部は、平成▽年度に入学定員を○○人削減する。 　● □□研究科は、平成▽年度に入学定員を○○人増加する。
○ 策定した教育目的・目標に即して、求める学生像や学生募集方法、入試のあり方等のアドミッション・ポリシーを明確にする。 ○ アドミッション・ポリシーに従った学生受入の方策を適切に講じる。	● 入学者受入方針を見直すとともに、平成▽年度から、新たにAO入試を導入するため、担当組織等の整備を行う。
3) 教育体制及び教育支援体制に関する目標 ○ 策定した教育目的・目標の実現を図るために必要な教育体制及び教育支援体制を整える。	3) 教育体制及び教育支援体制に関する措置 ● 全学共通教育の実施体制を見直し、平成▽年度に全学の調整を行う学長直属の専属の教員組織を立ち上げる。 ● シラバスの内容を見直し、平成▽年度以降全ての授業科目について、毎回の授業ごとに必要な文献の提示等準備学習の指示や必要なレポートの提出なども含めた成績評価基準などを示すものとする。 ● 平成▽年度以降、シラバスの内容を全て電子化し、学期開始の1週間前までに掲示する。 ● シラバスの内容を学生が閲覧できるよう、図書館ロビーにコンピューター端末△台を整備する。 ● 平成▽年度までに、大学院生の増加に対応した実験研究スペースを整備し、大学院生一人当たりの実験研究スペースの拡充を図る。

4）教育内容及び教育方法に関する目標 ◯ 策定した教育目的・目標に即して教育課程を編成し、体系的な授業内容を提供する。 ◯ 教育課程や個々の授業の特性に合致した授業形態、学習指導法等を行う。 ◯ 有効性のある成績評価を実施する。	4）教育内容及び教育方法に関する措置 ● 単位互換制度を拡充するとともに、大学全体として開設授業科目の見直し・整理を行う。 ● 平成▽年度までに、大教室での講義を▼％減らし、少人数教育へ移行する。 ● 平成▽年度までに、全ての講義について成績評価基準を策定し、学生に対して公表する。
5）教育成果に関する目標 ◯ 策定した教育目的・目標が意図する教育の成果を達成する。	5）教育成果に関する措置 ● 平成▽年度までに、全ての授業科目について、成績評価基準を明示するとともに、授業の進度に応じた学生の達成度を把握し、授業の進行に活用する。
6）学生支援に関する目標 ◯ 学習に関する環境や相談の体制を整え、学習支援を効果的に行う。	6）学生支援に関する措置 ● 平成▽年度までに、全ての講義について月に△回のオフィスアワーを設ける。 ● 中期目標期間終了時までにTAの数を□□人増員する。
7）教育の質の向上のためのシステムに関する目標 ◯ 授業内容及び方法の改善を図るための組織的な研修の推進を図る。 ◯ 学部、研究科の組織としての教育活動の評価を適切に実施する。 ◯ 評価結果を教育の質の向上及び改善の取組に結びつけるシステムを整備し、適切に機能させる。	7）教育の質の向上のためのシステムに関する措置 ● 平成▽年度に、全学的なFDのための委員会を設置する。 ● 平成▽年度から、各研究科ごとに、担当教員の配置状況・選考基準、施設設備の整備状況を点検し、平成▽年度にその結果を整理する。 ● 平成▽年度までに、全学部・研究科において、当該学部・研究科における教育成果を評価するための手法についての研究を行うプロジェクトを立ち上げ、平成△年度までに研究成果をまとめる。 ● 平成▽年度までに、全学部に学生等による授業評価を導入し、各授業担当教員にフィードバックするとともに、希望する教員については評価結果を学内外に公表する。

○ 教員の教育能力や教育意欲などを踏まえた個々の教員の教育活動の評価を適切に実施する。	● 平成▽年度までに、大学における教育の重要性についての教員の意識をさらに高めるような特段の措置を講じる。 ● 平成▽年度までに、教員の授業担当能力について評価する制度を導入し、授業の質の改善のための措置を講じる。 ● 平成▽年度までに、質の高い授業担当能力を持つと評価された教員による授業のみで教育課程を編成することについて、各学部ごとに検討し、その結果を公表する。 ● 平成▽年度以降、教員歴のない者を授業を担当する教員として採用する際には、模擬授業を行わせ、選考の際考慮する。 ● 評価結果を踏まえ、中期目標期間終了時までに、大学としての理念・目標について次期中期目標期間以降を念頭において見直し、見直した部分を明らかにして公表する。

資料3 文科省「未定稿」における中期目標・中期計画の記載事項例

次の資料は、2002年(平成14年)12月に文部科学省が、未定稿として国立大学関係者に内示した「国立大学法人(仮称)の中期目標・中期計画の項目等について(案)」のうち、教育に関する項目の部分です。本書第4章で指摘したように、この資料の特徴は、「教育成果」に関する目標と措置が先頭に置かれているところにあります。各国立大学は、最終的に、この順序に従って中期目標・中期計画の素案を策定し文部科学省に提出することになりました。

1 教育に関する目標 (1) 教育の成果に関する目標 (注) 必要に応じ学士課程・大学院課程等に分けて記載してください。	1 教育に関する目標を達成するための措置 (1) 教育の成果に関する目標を達成するための措置 (注) 1. 必要に応じ学士課程・大学院課程等に分けて記載してください。 2. 各年度の学生収容定員を別紙に記載してください。 3. 記載事項の例： ○ 教養教育の成果に関する具体的目標の設定 ○ 卒業後の進路等に関する具体的目標の設定 ○ 教育の成果・効果の検証に関する具体的方策など
(2) 教育内容等に関する目標 (注) 1. 必要に応じ学士課程・大学院課程等に分けて記載してください。 2. アドミッション・ポリシーに関する基本方針や、教育課程、教育方法、成績評価等に関する基本方針を記載してください。	(2) 教育内容等に関する目標を達成するための措置 (注) 必要に応じ学士課程・大学院課程等に分けて記載してください。 (注) 記載事項の例： ○ アドミッション・ポリシーに応じた入学者選抜を実現するための具体的方策 ○ 教育理念等に応じた教育課程を編成するための具体的方策 ○ 授業形態、学習指導法等に関する具体的方策 ○ 適切な成績評価等の実施に関する具体的方策など

(3) 教育の実施体制等に関する目標 (注) 教職員の配置、教育環境の整備、教育の質の改善のためのシステム等に関する基本方針を記載してください。	(3) 教育の実施体制等に関する目標を達成するための措置 (注) 記載事項の例： ○ 適切な教職員の配置等に関する具体的方策 ○ 教育に必要な設備、図書館、情報ネットワーク等の活用・整備の具体的方策 ○ 教育活動の評価及び評価結果を質の改善につなげるための具体的方策 ○ 教材、学習指導法等に関する研究開発及びFDに関する具体的方策 ○ 全国共同教育、学内共同教育等に関する具体的方策 ○ 学部・研究科等の教育実施体制等に関する特記事項など
(4) 学生への支援に関する目標 (注) 学生の学習支援や生活支援等に関する基本方針を記載してください。	(4) 学生への支援に関する目標を達成するための措置 (注) 記載事項の例： ○ 学習相談・助言・支援の組織的対応に関する具体的方策 ○ 生活相談・就職支援等に関する具体的方策 ○ 経済的支援に関する具体的方策 ○ 社会人・留学生等に対する配慮など

資料4　分野別教育評価(人文系)実施要領における要素と観点例

　次の資料は、大学評価機構が分野別教育評価(人文系)に関する『実施要領』において示した評価項目ごとの要素と観点例を、表にまとめたものです。『実施要領』では、観点例について(必要に応じて、学部と大学院とで場合分けしながら)さらに詳しい解説を加えるとともに、観点ごとの自己評価における根拠データの例も示していますが、ここでは、スペースの都合で省略しています。

評価項目	要　　素	観　点　例
1. 教育の実施体制	① 教育実施組織の整備	A. 学科・専攻の構成 B. 教員組織の構成
	② 教育目的及び目標の趣旨の周知及び公表	A. 学生、教職員に対する周知の方法とそれらの効果 B. 学外者に対する公表の方法とそれらの効果
	③ 学生受入方針	A. 学生受入方針の明確な策定 B. 学生受入方針の学内外への周知・公表 C. 学生受入方針(アドミッション・ポリシー)に従った学生受入方策
2. 教育内容面	① 教育課程の編成	A. 教育課程の体系的な編成 B. 教育課程の編成上の配慮
	② 授業の内容	A. 教育課程の編成の趣旨に沿った授業内容とするための取組 B. 教育内容等の研究・研修(ファカルティ・ディベロップメント)への取組(教員相互の授業見学などを含む) C. シラバスの内容と活用方法
3. 教育方法及び成績評価面での取組	① 授業形態、学習指導法等の教育方法	A. 教育課程を展開するための教育方法等 B. 教育方法等についての配慮
	② 成績評価法	A. 成績評価基準の設定 B. 成績評価の取組状況
	③ 施設・設備の整備・活用	A. 施設の整備・活用 B. 関連設備、図書等の資料の整備・活用

4. 教育の達成状況	① 学生が身に付けた学力や育成された資質・能力	A. 単位取得、進級、卒業及び資格取得などの各段階の状況からの判断 B. 学生の授業評価結果等からみての判断
	② 進学や就職などの卒業後の進路	A. 進学や就職などの卒業後の進路の状況からの判断 B. 雇用主の卒業生に対する評価結果等からみての判断
5. 学習に対する支援	① 学習に対する支援体制の整備・活用	A. 授業科目や専門、専攻の選択の際のガイダンス B. 学習を進める上での相談・助言体制
	② 自主的学習環境の整備・活用	A. 学生が自主的に学習できるような環境、例えば自習室、グループ討論室、情報機器室等の整備・活用
6. 教育の質の向上及び改善のためのシステム	① 組織としての教育活動及び個々の教員の教育活動を評価する体制	A. 組織として教育の実施状況や問題点を的確に把握し、教育活動を評価する体制 B. 外部者による教育活動の評価 C. 個々の教員の教育活動を評価する体制
	② 評価結果を教育の質の向上及び改善の取組に結びつけるシステムの整備及び達成状況	A. 評価結果を教育の質の向上及び改善の取組に結び付けるシステム B. 評価結果を教育の質の向上及び改善の取組に結び付ける方策

資料5　大学評価機構による認証機関評価の評価基準(案)

　大学評価機構は、2004年(平成16年)2月に、機構によって実施される認証機関評価(機関別認証評価)に際しての評価基準案を公表しました。この機関別評価は、対象となる大学全体について実施されますので、この評価をクリアするためには、対象大学の全部局が評価基準を満たすことが必要になります。

　次の資料は、評価基準案のうち、教育評価に関する部分を表にまとめたものです。この評価基準案は、過去3年余りの試行期間に実施されたテーマ別評価や分野別評価において、「要素」や「観点例」の形で含まれていた「横並び的」基準の集大成と言ってよいでしょう。なお、基準案での「基本的な観点」は、例示ではなく、自己評価において必ず取り入れるべきものとされています。

　今後は、部局レベルの自己評価の基準の設定や中期計画の策定においても、重要な「横並び的」基準として、この評価基準案を十分考慮に入れる必要があります。

　国立大学の場合は、こうした基準による認証機関評価と、国立大学法人評価の双方を受けることになります。しかし、本書で推奨したように、部局レベルで「横並び的」基準を意識した自己評価基準や中期計画をきちんと設定した上で、自己評価を進めていくのであれば、これら2つの第三者評価に対して、混乱せずにまとまりのある準備と対応が可能になるはずです。

基準1　大学の目的

基準の内容	自己評価における基本的な観点
1-1. 大学の目的(教育研究活動を行うに当たっての基本的な方針、達成しようとしている基本的な成果等)が明確に定められており、その内容が学校教育法に規定された、大学一般に求められる目的に適合するものであること。	1-1-① 目的として、教育研究活動を行うに当たっての基本的な方針や、養成する人材像を含む達成しようとする基本的な成果等が、明確に定められているか。 1-1-② 目的が学校教育法第52条に規定された大学一般に求められる目的からはずれるものでないか。 1-1-③ 大学院を有する大学においては、大学院の目的が、学校教育法第65条に規定された、大学院一般に求められる目的から、はずれるものでないか。

1-2. 目的が、大学の構成員に周知されているとともに、社会に公表されていること。	1-2-① 目的が、大学の構成員(教職員及び学生)に周知されているか。 1-2-② 目的が、社会に広く公表されているか。

基準2　教育研究組織(実施体制)

基準の内容	自己評価における基本的な観点
2-1. 大学の教育研究に係る基本的な組織構成(学部及びその学科、研究科及びその専攻、その他の組織並びに教養教育の実施体制)が、大学の目的に照らして適切なものであること。	2-1-① 学部及びその学科の構成が、学士課程における教育研究の目的を達成する上で適切なものとなっているか。 2-1-② 学部、学科以外の基本的組織を置いている場合には、それらが学士課程における教育研究の目的を達成する上で適切なものとなっているか。 2-1-③ 教養教育の体制が適切に整備され、機能しているか。 2-1-④ 研究科及びその専攻の構成が、大学院課程における教育研究の目的を達成する上で適切なものとなっているか。 2-1-⑤ 研究科、専攻以外の基本的組織を置いている場合には、それらが大学院課程における教育研究の目的を達成する上で適切なものとなっているか。 2-1-⑥ 別科、専攻科が設置されている場合には、それが教育研究の目的を達成する上で適切なものとなっているか。 2-1-⑦ 全学的なセンター等が設置されている場合には、それが教育研究の目的を達成する上で適切なものとなっているか。
2-2. 教育活動を展開する上で必要な運営体制が適切に整備され、機能していること。	2-2-① 教授会等が、教育活動に係る重要事項を審議するための必要な活動を行っているか。 2-2-② 教育課程や教育方法等を検討する教務委員会等の組織が、適切な構成となっているか。また、必要な回数の会議を開催し実質的な検討が行われているか。

基準3　教員及び教育支援者

基準の内容	自己評価における基本的な観点
3-1. 教育課程を遂行するために必要な教員が適切に配置されていること。	3-1-① 教員組織編成のための基本的方針を有しており、それに基づいた教員組織編成がなされているか。 3-1-② 教育課程を遂行するために必要な教員が確保されているか。 3-1-③ 学士課程において、必要な専任教員が確保されているか。

基準の内容	自己評価における基本的な観点
	3-1-④ 大学院課程(専門職大学院課程を除く)において、必要な教育研究指導教員が確保されているか。 3-1-⑤ 専門職大学院課程において、必要な専任教員(実務経験教員を含む)が確保されているか。 3-1-⑥ 大学の目的に応じて教員組織の活動をより活発化するための適切な措置(均衡ある年齢及び性別構成への配慮、外国人教員の確保、任期制や公募制など)が講じられているか。
3-2. 教員の採用及び昇格等に当たって、適切な基準が定められ、それに従い適切な運用がなされていること。	3-2-① 教員の採用基準や昇格基準などが明確かつ適切に定められ、適切に運用がなされているか。特に、学士課程においては、教育上の指導能力の評価、また大学院課程においては、教育研究上の指導能力の評価が行われているか。
3-3. 教員の教育活動を評価し、改善するための体制が整備され、機能していること。	3-3-① 教員の教育活動に関する定期的な評価を適切に実施するための体制が整備され、機能しているか。 3-3-② 教員の教育活動に関する評価に基づき、その質の向上を図るためのシステムが整備され機能しているか。
3-4. 教育の目的を達成するための基礎となる研究活動が行われていること。	3-4-① 教育の目的を達成するための基礎として、教育内容等と相関性を有する研究活動が行われているか。
3-5. 教育課程を遂行するために必要な教育支援者の配置や教育補助者の活用が適切に行われていること。	3-5-① 大学において編成された教育課程を展開するに必要な事務職員、技術職員等の教育支援者が適切に配置されているか。また、TAなどの教育補助者の活用が図られているか。
基準4　学生の受入	
基準の内容	自己評価における基本的な観点
4-1. 教育の目的に沿って、求める学生像や入学者選抜の基本方針が記載されたアドミッション・ポリシーが明確に定められ、公表されていること。	4-1-① 教育の目的に沿って、求める学生像や入学者選抜の基本方針などが記載されたアドミッション・ポリシーが明確に定められ、公表、周知されているか。
4-2. アドミッション・ポリシーに沿って適切な入学者選抜が実施され、機能していること。	4-2-① アドミッション・ポリシーに沿って適切な入学者選抜方法が採用されており、実質的に機能しているか。

	4-2-② アドミッション・ポリシーにおいて、留学生、社会人、編入学生の受入等に関する基本方針を示している場合には、これに応じた適切な対応が講じられているか。
	4-2-③ 実際の入学者選抜が適切な実施体制により、公正に実施されているか。
	4-2-④ アドミッション・ポリシーに沿った学生の受入が実際に行われているかどうかを検証するための取組が行われており、その結果を入学者選抜の改善に役立てているか。
4-3. 実入学者数が、入学定員と比較して適正な数となっていること。	4-3-① 実入学者数が、入学定員を大幅に超える、又は下回る状況になっていないか。また、その場合には、これを改善するための取組が行われるなど、入学定員と実入学者数との関係の適正化が図られているか。

基準5　教育内容及び方法

基準の内容	自己評価における基本的な観点
（学士課程） 5-1. 教育課程が教育の目的に照らして体系的に編成されており、その内容、水準、授与される学位名において適切であること。	（学士課程） 5-1-① 教育の目的に照らして、教養教育及び専門教育に関する授業科目が適切に配置され、内容的な体系性が確保されているか。 5-1-② 教育課程の編成が、授与される学位との関係で適切なものとなっているか。 5-1-③ 授業科目の年次配当などが、適切なものとなっているか。 5-1-④ 教育の目的に照らして、必修科目、選択科目等が適切に設定されているか。 5-1-⑤ 授業の内容が、全体として教育課程の編成の趣旨に沿ったものになっているか。 5-1-⑥ 授業の内容が、全体として研究活動の成果を反映したものとなっているか。 5-1-⑦ 教育課程の編成の趣旨に沿ってシラバスが作成され、事前に行う準備学習、教育方法や内容、達成方法と評価方法の明示など内容が適切に整備され、活用されているか。 5-1-⑧ 学生の多様なニーズに対応できる教育課程の編成、他学部の授業科目の履修（他大学との単位互換など）に配慮しているか。 5-1-⑨ 単位の実質化に配慮がなされているか。

		5-1-⑩ 学問的動向、社会からの要請等に対応した教育課程の編成(インターンシップによる単位認定、補充教育体制の整備、編入学への配慮、博士前期課程教育との連携など)となっているか。
		5-1-⑪ 夜間において授業を開設している場合や昼夜開講制を実施している場合には、これらの課程に在籍する学生に配慮した適切な時間割の設定等がなされているか。
	5-2. 教育課程を展開するにふさわしい授業形態、学習指導法等が整備されていること。	5-2-① 教育の目的に照らして、講義、演習、実験、実習などの各種授業方法・形態が適切であるか。
		5-2-② 教育内容に応じた適切な授業方法・形態の工夫(少人数授業、対話・討論型授業、フィールド型授業、情報機器の活用、TAの活用など)がなされているか。
		5-2-③ 自主学習への配慮、基礎学力不足の学生への配慮などが組織的に行われているか。
		5-2-④ 通信教育を開設している場合には、十分な教育効果が得られる授業方法を用いて適切な指導が行われているか。
	5-3. 成績評価、単位認定、修了認定が適切であり、有効なものとなっていること。	5-3-① 成績評価基準や修了認定基準が組織として策定され、学生に周知されているか。
		5-3-② 成績評価基準や修了認定基準に従って、成績評価、単位認定、修了認定が適切に実施されているか。また、その際、一貫性や厳格性が確保されているか。
		5-3-③ 成績評価等の正確性を担保するための措置(学生からの成績評価に関する申立てなど)が講じられているか。
	(大学院課程) 5-4. 教育課程が教育の目的に照らして体系的に編成されており、その内容、水準、授与される学位名において適切であること。	(大学院課程) 5-4-① 教育の目的に照らして、教育課程が体系的に編成されており、目的とする学問分野や職業分野における期待にこたえるものになっているか。
		5-4-② 教育内容及びその水準が、授与する学位との関係で適切であるか。
		5-4-③ 授業の内容が全体として、教育課程の編成の趣旨に沿ったものになっているか。
		5-4-④ 授業の内容が、全体として研究活動の成果を反映したものとなっているか。

		5–4–⑤ 教育課程の編成の趣旨に沿ってシラバスが作成され、事前に行う準備学習、教育方法や内容、達成方法と評価方法の明示など内容が適切に整備され、活用されているか。 5–4–⑥ 単位の実質化に配慮がなされているか。 5–4–⑦ 夜間において授業を開設している場合や教育方法の特例を実施している場合には、これらの課程に在籍する学生に配慮した適切な時間割の設定等がなされているか。
5–5. 教育課程を展開するにふさわしい授業形態、学習指導法等が整備されていること。		5–5–① 教育の目的に照らして、講義、演習、実験、実習などの各種授業方法・形態が適切であるか。 5–5–② 教育内容に応じた適切な授業方法・形態の工夫(少人数授業、対話・討論型授業、フィールド型授業、情報機器の活用など)がなされているか。
5–6. 研究指導が大学院教育の目的に照らして適切に行われていること。		5–6–① 教育課程の趣旨に沿った研究指導が行われているか。 5–6–② 研究指導に対する適切な取組(複数教員による指導体制、研究テーマ決定に対する適切な指導、TA・RA(リサーチ・アシスタント)としての活動を通じた能力の育成、教育的機能の訓練など)が行われているか。 5–6–③ 学位論文に係る指導体制が整備され、機能しているか。
5–7. 成績評価、単位認定、修了認定が適切であり、有効なものとなっていること。		5–7–① 成績評価基準や修了認定基準が組織として策定され、学生に周知されているか。 5–7–② 成績評価基準や修了認定基準に従って、成績評価、単位認定、修了認定が適切に実施されているか。また、その際、一貫性と厳格性が確保されているか。 5–7–③ 学位論文に係る適切な審査体制が整備され、機能しているか。 5–7–④ 成績評価等の正確性を担保するための措置(学生からの成績評価に関する申立てなど)が講じられているか。
(専門職大学院課程) 5–8. 教育課程が教育の目的に照らして体系的に編成されており、その内容、水準、授与される学位名において適切であること。		(専門職大学院課程) 5–8–① 教育の目的に照らして、教育課程が体系的に編成されているか。 5–8–② 教育課程の編成が、授与する学位との関係で適切なものとなっているか。

		5–8–③ 授業の内容が、全体として教育課程の編成の趣旨に沿ったものになっているか。
		5–8–④ 授業の内容が、全体として研究活動の成果を反映したものとなっているか。
		5–8–⑤ 教育課程の編成の趣旨に沿ってシラバスが作成され、事前に行う準備学習、教育方法や内容、達成方法と評価方法の明示など内容が適切に整備され、活用されているか。
		5–8–⑥ 単位の実質化に配慮がなされているか。
5–9. 教育課程が当該職業分野における期待にこたえるものになっていること。		5–9–① 教育課程が、当該職業分野の期待にこたえるものになっているか。
		5–9–② 教育内容の水準が、当該職業分野の期待にこたえるものになっているか。
5–10. 教育課程を展開するにふさわしい授業形態、学習指導法等が整備されていること。		5–10–① 教育の目的に照らして、講義、演習、実験、実習などの各種授業方法・形態が適切であるか。
		5–10–② 教育内容に応じた適切な授業方法・形態の工夫(少人数授業、対話・討論型授業、フィールド型授業、情報機器の活用など)がなされているか。
5–11. 成績評価、単位認定、修了認定が適切であり、有効なものとなっていること。		5–11–① 成績評価基準や修了認定基準が組織として策定され、学生に周知されているか。
		5–11–② 成績評価基準や修了認定基準に従って、成績評価、単位認定、修了認定が適切に実施されているか。また、その際、一貫性や厳格性が確保されているか。
		5–11–③ 成績評価等の正確性を担保するための措置(学生からの成績評価に関する申立てなど)が講じられているか。

基準6　教育の成果

基準の内容	自己評価における基本的な観点
6–1. 教育の目的において意図している、学生に身につけさせる学力、資質・能力や養成する人材像などに照らして、教育の成果や効果が上がっていること。	6–1–① 大学としてその目的に沿った形で教養教育専門教育などの面において、課程に応じて、学生に身につけさせる学力、資質・能力や養成する人材像などについての方針が明らかにされており、その達成状況を検証・評価するための適切な取組が行われているか。
	6–1–② 各学年や卒業(修了)時などにおいて学生に身につけさせる学力や資質・能力について、単位取得、進級、卒業(修了)の状況、資格取得の状況などの定

	量的な面あるいは卒業(学位)論文などの内容・水準の面から判断して、教育の成果や効果が上がっているか。
	6–1–③ 学生の授業評価結果などから見て、大学が編成した教育課程を通じて、大学の意図する教育の効果があったと学生自身が判断しているか。
	6–1–④ 教育の目的で意図している養成する人材像などについて、就職や進学といった卒業(修了)後の進路の状況などの実績や成果などの定量的な面や修了生の修了後の研究活動の実績や成果から判断して、教育の成果や効果が上がっているか。
	6–1–⑤ 卒業(修了)生や、雇用主に代表される関係者から、卒業(修了)生が在学時に身につけた学力や資質・能力等に関する意見を聴取するなどの取組を実施しているか。また、その結果から判断して、教育の成果や効果が上がっているか。

基準7 学生支援等

基準の内容	自己評価における基本的な観点
7–1. 学習を進める上での履修指導が適切に行われていること。また、学生相談・助言体制等の学習支援体制が整備され、機能していること。	7–1–① 授業科目や専門、専攻の選択の際のガイダンスの実施体制が整備され、適切に実施されているか。 7–1–② 学習相談、助言体制(オフィスアワーの設定など)が整備され、機能しているか。 7–1–③ 学習支援に関する学生のニーズが適切に把握されているか。 7–1–④ 特別な支援が必要な者(留学生、社会人、障害を持つ者など)への学習支援が適切に行われているか。
7–2. 学生の自主的学習を支援する環境が整備され、機能していること。また、学生の課外活動に対する支援体制などが整備され、機能していること。	7–2–① 自主的学習環境(自習室、グループ討論室、情報機器室等)が十分に整備され、効果的に利用されているか。 7–2–② 学生の課外活動が大学の監督下において行われる場合、当該活動が円滑に行われるように支援の体制が整備され、機能しているか。
7–3. 学生の生活や就職などに関する相談・助言、支援体制が整備され、機能していること。	7–3–① 学生の健康相談、生活相談、進路相談、各種ハラスメントの相談等のために必要な相談助言体制(保健センター、学生相談室、就職支援室の設置など)が整備され、機能しているか。 7–3–② 特別な支援が必要な者(留学生、障害を持つ者など)への生活支援等が適切に行われているか。

基準の内容	自己評価における基本的な観点
	7-3-③ 生活支援等に関する学生のニーズが適切に把握されているか。
7-4. 学生の経済面での就学困難を解消するための援助体制が整備され、機能していること。	7-4-① 学生の経済面の援助体制(奨学金(給付、貸与)、授業料免除等)が整備され、機能しているか。

基準8　施設・設備

基準の内容	自己評価における基本的な観点
8-1. 大学において編成された教育研究組織及び教育課程に対応した施設、設備が整備され、有効に活用されていること。	8-1-① 大学において編成された教育課程の実現にふさわしい施設、設備(校地、運動場、教室、研究室、実験・実習室、演習室、情報処理学習のための施設、語学学習のための施設、図書館、その他附属施設等)が整備され、有効に活用されているか。 8-1-② 教育内容、方法や学生のニーズを満たす情報ネットワークが適切に整備され、有効に活用されているか。 8-1-③ 施設設備の運用に関する方針が明確に規定され、構成員に周知されているか。
8-2. 大学において編成された教育研究組織及び教育課程に応じて、図書、学術雑誌、視聴覚資料その他の教育研究上必要な資料が系統的に整備されていること。	8-2-① 図書、学術雑誌、視聴覚資料その他の教育研究上必要な資料が系統的に整備され、有効に活用されているか。

基準9　教育の質の向上及び改善のためのシステム

基準の内容	自己評価における基本的な観点
9-1. 教育の状況について点検・評価し、その結果に基づいて改善・向上を図るための体制が整備され、取組が行われており、機能していること。	9-1-① すべての大学組織単位について、教育組織、入学者の受入、教育内容及び方法、教育の成果、学生支援、施設設備等の教育の状況について、代表性があるデータや、根拠資料を基にした自己評価現状や問題点の把握がなされ、評価を適切に実施できる体制が整備され、機能しているか。 9-1-② 授業評価や満足度評価、学習環境評価等の学生の意見の聴取が行われており、学生による評価結果が教育の状況に関する自己評価に反映されるなど、学生が大学の自己評価に適切な形で関与しているか。

	9–1–③ 学生による授業評価や満足度評価などが、適切な評価項目のもとで適切に分析され、個々の教員へフィードバックされているか。
	9–1–④ 学外関係者の意見が、大学の自己評価に適切な形で反映されているか。
	9–1–⑤ 評価結果を教育の質の向上、改善に結び付けられるようなシステムが整備され、教育課程の見直しなど具体的かつ継続的な方策が講じられているか。
	9–1–⑥ 個々の教員は、評価結果に基づいて、授業内容、教材、教授技術などの継続的改善を行っているか。
9–2. 教員、教育支援者及び教育補助者に対する研修など、その資質の向上を図るための取組が適切に行われていること。	9–2–① ファカルティ・ディベロップメントについて、学生や教職員のニーズが反映されており、組織として適切な方法で実施されているか。
	9–2–② ファカルティ・ディベロップメントが、教育の質の向上や授業の改善に結びついているか。
	9–2–③ 教育支援者や教育補助者に対し、教育活動の質の向上を図るための研修など、その資質の向上を図るための取組が適切になされているか。

参考文献一覧（ウェブサイトを含む）

【基本的な資料】

大学評価・学位授与機構　http://www.niad.ac.jp/hyouka/index.htm
　『実施要項』、機構側の「評価報告書」等々。
大学基準協会　http://www.juaa.or.jp/
大学基準協会編『大学評価マニュアル』、エイデル研究所、1999年。
日本技術者教育認定機構（JABEE）　http://www.jabee.org/
土木学会技術者教育プログラム審査委員会編『理解しやすい「自己点検書」作成のポイント』、土木学会、2003年。手引書として「理解しやすい」ものであり、参考になる点が多くあります。
文部科学省　http://www.mext.go.jp/a_menu/koutou/houjin/index.htm
　国立大学法人関係の法規等。

【研究文献】

名古屋大学評価情報分析室、http://www.eda.provost.nagoya-u.ac.jp/index.html.ja　評価や中期計画などが「マネジメント情報」という見地から統合的に扱われています。参考になる様々な情報が満載されています。さらに、池田輝政編『成長するティップス先生』（玉川大学出版部、2001年）も参照。個々の授業デザインのための手引書ですが、カリキュラム編成のレベルでも参考になります。
国際基督教大学、http://www.icu.ac.jp/　大学のミッションと教育の基本方針（「行動するリベラル・アーツ」）との密接な連関を追求してきた点で、日本の諸大学の中でも異彩を放っています。さらに、絹川正吉編著『ICU〈リベラル・アーツ〉のすべて』（東信堂、2002年）も参照。
大学行政管理学会、http://www.ne.jp/asahi/juam/office/　私立大学経営に関する理論的・実践的な模索の過程をうかがうことができます。評価との関連では、「大学経営評価指標」研究のページが参考になります。
『IDE：日本の高等教育』、民主教育協会、「大学評価の新段階」2002年9月号、「国立大学法人の課題」2003年8–9月号、「大学のグランドデザイン」2004年1月号。いずれも、示唆に富む論考が満載されています。
大南正瑛編『大学評価文献選集』、エイデル研究所、2003年。

太田和良幸『大学マネージメントの理論と実際』、黎明書房、2003年。

ラリー・キーグ、マイケル・D・ワガナー『大学教員「教育評価」ハンドブック』、玉川大学出版部、2003年。

A・I・フローインスティン『大学評価ハンドブック』、玉川大学出版部、2002年。

天野郁夫『大学改革のゆくえ』、玉川大学出版部、2001年。大学とそれをとりまく環境変化についての透徹した考察に富んでいます。

内田研二『成果主義と人事評価』、講談社現代新書、2001年。民間企業の人事部長経験者としての貴重な示唆があります。評価結果を報酬に連動させれば「民間的経営手法」の導入だ、などという安易な考えに対する解毒剤と言えるでしょう。ちなみに、成果志向が単純に金銭的利益で動機づけられるのではなく、特殊な歴史的・文化的土壌に根付いているエートスと不可分なことを示唆している古典として、マックス・ウェーバー『プロテスタンティズムの倫理と資本主義の精神』が再読されるべきでしょう。ミッションや成果を重視する「合理的」な計画や評価の精神は、当該文化においては、予定されているはずの救済の徴表を世俗内活動の成果に見ようとする信徒の生活規律や「非営利組織」としての信徒集団の運営に由来するところがあるように思われます。このように考えてみると、皮相な意味での「成果主義」はともかくも、ミッションや成果を重視する姿勢が日本の高等教育に根付くのかどうかは、日本の精神文化の伝統と今後の展開を考える視点からも、興味津々と言えるでしょう。なお、非営利組織をアメリカ社会理解の鍵として強調しているP・F・ドラッカー『非営利組織の経営』（ダイヤモンド社、2000年）の「日本語版への序文」も参照。

島田恒『非営利組織のマネジメント』、東洋経済新報社、2000年。大学評価に今後必要となる非営利組織の経営論として、参考になるところが数多くあります。

山田治徳『政策評価の技法』、日本評論社、2000年。統計やアンケート調査の基本について丁寧に解説しています。

日本高等教育学会編『日本の大学評価』、玉川大学出版部、2000年。

大学の研究教育を考える会編『大学評価とその将来』、丸善、1999年。

細井・林・千賀・佐藤編『大学評価と大学創造』、東信堂、1999年。

上山信一『「行政評価」の時代』、NTT出版、1999年。戦略的見地からの評価「指標」を考える上で有益です。

H・G・ケルズ『大学評価の理論と実際』、東信堂、1998年。

フィリップ・コトラー、カレン・F・A・フォックス『学校のマーケティング戦略』、蒼林社、1989年。マーケティングの大家であるコトラー等による包括的な教育機関経営論です。

著者紹介

関口　正司（せきぐち　まさし）
1954年、東京生まれ。九州大学大学院法学研究院・教授（政治学史）。主著は『自由と陶冶――J・S・ミルとマスデモクラシー』（1989年、みすず書房）。現在、九州大学大学評価情報室・副室長として、大学評価活動に従事中。

教育改善のための大学評価マニュアル
――中期計画実施時の自己評価に役立つ25のポイント――

2004年7月5日　初版発行

著　者	関口正司
発行者	福留久大
発行所	（財）九州大学出版会

〒812-0053　福岡市東区箱崎 7-1-146
　　　　　　　九州大学構内
電話　092-641-0515　（直通）
振替　01710-6-3677
印刷・製本／研究社印刷株式会社

©2004 Printed in Japan　　　ISBN 4-87378-838-2